PLANTEBASERTE

OPPSKRIFTER 2022

OPPSKRIFTER PÅ Å SPISE SUNT OG FÅ ENERGI

MIA BAKKEN

Innholdsfortegnelse

SUPPER OG SALATER

Klassisk linsesuppe med Chard

(Ferdig på ca. 25 minutter | Porsjoner 5)

Per porsjon : Kalorier: 148; Fett: 7,2g; Karbohydrater: 14,6 g; Protein: 7,7 g

Ingredienser

2 ss olivenolje

1 hvit løk, hakket

1 ts hvitløk, finhakket

2 store gulrøtter, hakket

1 pastinakk, hakket

2 stilker selleri, hakket

2 laurbærblader

1/2 ts tørket timian

1/4 ts malt spisskummen

5 kopper stekt grønnsaksbuljong

1 ¼ kopper brune linser, bløtlagt over natten og skylt

2 kopper Chard, revet i biter

Veibeskrivelse

I en tykkbunnet gryte, varm olivenoljen over moderat varme. Sauter nå grønnsakene sammen med krydderne i ca 3 minutter til de er så vidt møre.

Tilsett grønnsaksbuljongen og linsene, la det koke opp. Kok opp varmen umiddelbart og tilsett laurbærbladene. La det koke i ca 15 minutter eller til linsene er møre.

Ha i mangolden, legg på lokk og la det småkoke i 5 minutter til eller til mangolden visner.

Server i individuelle skåler og nyt!

Krydret vinter Farro-suppe

(Ferdig på ca. 30 minutter | Porsjoner 4)

Per porsjon : Kalorier: 298; Fett: 8,9 g; Karbohydrater: 44,6 g; Protein: 11,7g

Ingredienser

2 ss olivenolje

1 middels stor purre, hakket

1 middels stor kålrot, i skiver

2 italiensk paprika, frøsådd og hakket

1 jalapenopepper, finhakket

2 poteter, skrelt og i terninger

4 kopper grønnsaksbuljong

1 kopp farro, skylt

1/2 ts granulert hvitløk

1/2 ts gurkemeiepulver

1 laurbær

2 kopper spinat, vend i biter

Veibeskrivelse

I en tykkbunnet gryte, varm olivenoljen over moderat varme. Surr purre, kålrot, paprika og poteter i ca. 5 minutter til de er sprø-møre.

Tilsett grønnsaksbuljong, farro, granulert hvitløk, gurkemeie og laurbær; kok opp.

Kok opp varmen umiddelbart. La det koke i ca 25 minutter eller til farro og poteter har blitt myke.

Tilsett spinat og ta kjelen fra varmen; la spinaten stå i restvarmen til den visner. God appetitt!

Rainbow kikertsalat

(Ferdig på ca. 30 minutter | Porsjoner 4)

Per porsjon : Kalorier: 378; Fett: 24g; Karbohydrater: 34,2g; Protein: 10,1g

Ingredienser

16 gram hermetiske kikerter, drenert

1 middels avokado, i skiver

1 paprika, frøet og skåret i skiver

1 stor tomat, i skiver

2 agurker, i terninger

1 rødløk, i skiver

1/2 ts hvitløk, finhakket

1/4 kopp frisk persille, hakket

1/4 kopp olivenolje

2 ss eplecidereddik

1/2 lime, ferskpresset

Havsalt og malt svart pepper, etter smak

Veibeskrivelse

Ha alle ingrediensene i en salatskål.

Sett salaten i kjøleskapet i ca 1 time før servering.

God appetitt!

Linsesalat i middelhavsstil

(Klar på ca. 20 minutter + nedkjølingstid | Porsjoner 5)

Per porsjon : Kalorier: 348; Fett: 15g; Karbohydrater: 41,6 g; Protein: 15,8g

Ingredienser

1 ½ kopp rød linse, skylt

1 ts delikatesse-sennep

1/2 sitron, ferskpresset

2 ss tamarisaus

2 skjøtløkstilker, hakket

1/4 kopp ekstra virgin olivenolje

2 fedd hvitløk, finhakket

1 kopp smørhodesalat, revet i biter

2 ss frisk persille, hakket

2 ss frisk koriander, hakket

1 ts fersk basilikum

1 ts fersk oregano

1 ½ kopper cherrytomater, halvert

3 unser Kalamata oliven, pitted og halvert

Veibeskrivelse

I en stor kjele koker du 4 ½ kopper av vannet og de røde linsene.

Kok opp varmen umiddelbart og fortsett å koke linsene i ca 15 minutter eller til de er møre. Hell av og la den avkjøles helt.

Overfør linsene til en salatskål; bland linsene med de resterende ingrediensene til de er godt blandet.

Serveres avkjølt eller i romtemperatur. God appetitt!

Stekt asparges og avokadosalat

(Klar på ca. 20 minutter + nedkjølingstid | Porsjoner 4)

Per porsjon : Kalorier: 378; Fett: 33,2g; Karbohydrater: 18,6 g; Protein: 7,8 g

Ingredienser

1 pund asparges, trimmet, kuttet i passe store biter

1 hvit løk, hakket

2 fedd hvitløk, finhakket

1 Roma tomat, i skiver

1/4 kopp olivenolje

1/4 kopp balsamicoeddik

1 ss steinkvernet sennep

2 ss frisk persille, hakket

1 ss frisk koriander, hakket

1 ss frisk basilikum, hakket

Havsalt og malt svart pepper, etter smak

1 liten avokado, uthulet og i terninger

1/2 kopp pinjekjerner, grovhakket

Veibeskrivelse

Begynn med å forvarme ovnen til 420 grader F.

Kast aspargesen med 1 ss olivenolje og legg dem på en stekepanne med bakepapir.

Stek i ca. 15 minutter, roter pannen en eller to ganger for å fremme jevn matlaging. La den avkjøles helt og ha i salatbollen.

Kast aspargesen med grønnsakene, olivenolje, eddik, sennep og urter. Salt og pepper etter smak.

Bland for å kombinere og topp med avokado og pinjekjerner. God appetitt!

Kremet grønne bønnesalat med pinjekjerner

(Klar på ca. 10 minutter + nedkjølingstid | Porsjoner 5)

Per porsjon : Kalorier: 308; Fett: 26,2g; Karbohydrater: 16,6 g; Protein: 5,8g

Ingredienser

1 ½ pund grønne bønner, trimmet

2 mellomstore tomater, i terninger

2 paprika, frøsett og i terninger

4 ss sjalottløk, hakket

1/2 kopp pinjekjerner, grovhakket

1/2 kopp vegansk majones

1 ss delikatesse-sennep

2 ss frisk basilikum, hakket

2 ss frisk persille, hakket

1/2 ts røde pepperflak, knust

Havsalt og nykvernet sort pepper, etter smak

Veibeskrivelse

Kok de grønne bønnene i en stor kjele med saltet vann til de er akkurat møre eller ca 2 minutter.

Hell av og la bønnene avkjøles helt; overfør dem deretter til en salatskål. Kast bønnene med de resterende ingrediensene.

Smak til og juster krydderet. God appetitt!

Cannellini bønnesuppe med grønnkål

(Ferdig på ca. 25 minutter | Porsjoner 5)

Per porsjon : Kalorier: 188; Fett: 4,7g; Karbohydrater: 24,5 g; Protein: 11,1g

Ingredienser

1 ss olivenolje

1/2 ts ingefær, finhakket

1/2 ts spisskummen frø

1 rødløk, hakket

1 gulrot, trimmet og hakket

1 pastinakk, trimmet og hakket

2 fedd hvitløk, finhakket

5 kopper grønnsaksbuljong

12 gram Cannellini bønner, drenert

2 kopper grønnkål, revet i biter

Havsalt og malt svart pepper, etter smak

Veibeskrivelse

I en tykkbunnet gryte, varm oliven over middels høy varme. Sauter nå ingefær og spisskummen i 1 minutt eller så.

Tilsett nå løk, gulrot og pastinakk; fortsett å sautere i ytterligere 3 minutter eller til grønnsakene er akkurat møre.

Ha i hvitløken og fortsett å surre i 1 minutt eller til den er aromatisk.

Hell deretter i grønnsaksbuljongen og kok opp. Reduser varmen umiddelbart til en koking og la den koke i 10 minutter.

Brett inn Cannellini-bønnene og grønnkålen; fortsett å småkoke til grønnkålen visner og alt er gjennomvarmet. Smak til med salt og pepper etter smak.

Hell i individuelle boller og server varm. God appetitt!

. Hjertelig krem av soppsuppe

(Ferdig på ca. 15 minutter | Porsjoner 5)

Per porsjon : Kalorier: 308; Fett: 25,5g; Karbohydrater: 11,8 g; Protein: 11,6g

Ingredienser

2 ss soyasmør

1 stor sjalottløk, hakket

20 gram Cremini sopp, skiver

2 fedd hvitløk, finhakket

4 ss linfrømåltid

5 kopper grønnsaksbuljong

1 1/3 kopper fullfett kokosmelk

1 laurbærblad

Havsalt og malt svart pepper, etter smak

Veibeskrivelse

I en gryte smelter du vegansk smør over middels høy varme. Når den er varm, koker du sjalottløken i ca 3 minutter til den er mør og dufter.

Ha i sopp og hvitløk og fortsett å steke til soppen er myk. Tilsett linfrømåltidet og fortsett å koke i 1 minutt eller så.

Ha i de resterende ingrediensene. La det småkoke, dekket og fortsett å koke i 5 til 6 minutter til suppen har tyknet litt.

God appetitt!

Autentisk italiensk Panzanella salat

(Klar på ca. 35 minutter | Porsjoner 3)

Per porsjon : Kalorier: 334; Fett: 20,4g; Karbohydrater: 33,3 g; Protein: 8,3 g

Ingredienser

3 kopper håndverksbrød, delt i 1-tommers terninger

3/4 pund asparges, trimmet og kuttet i passe store biter

4 ss ekstra virgin olivenolje

1 rødløk, hakket

2 ss fersk limejuice

1 ts delikatesse-sennep

2 mellomstore arvestykketomater, i terninger

2 kopper ruccola

2 kopper babyspinat

2 italiensk paprika, frøsådd og skåret i skiver

Havsalt og malt svart pepper, etter smak

Veibeskrivelse

Anrett brødterningene på en bakepapirkledd stekeplate. Stek i den forvarmede ovnen ved 310 grader F i ca. 20 minutter, roter bakeplaten to ganger i løpet av steketiden; reservere.

Slå ovnen til 420 grader F og sleng aspargesen med 1 ss olivenolje. Stek aspargesen i ca 15 minutter eller til de er sprø.

Kast de resterende ingrediensene i en salatskål; topp med stekt asparges og ristet brød.

God appetitt!

Quinoa og svarte bønnesalat

(Klar på ca. 15 minutter + nedkjølingstid | Porsjoner 4)

Per porsjon : Kalorier: 433; Fett: 17,3g; Karbohydrater: 57g; Protein: 15,1g

Ingredienser

2 kopper vann

1 kopp quinoa, skylt

16 gram hermetiske svarte bønner, drenert

2 Roma tomater, i skiver

1 rødløk, i tynne skiver

1 agurk, kjernet og hakket

2 fedd hvitløk, presset eller finhakket

2 italiensk paprika, frøsådd og skåret i skiver

2 ss frisk persille, hakket

2 ss frisk koriander, hakket

1/4 kopp olivenolje

1 sitron, ferskpresset

1 ss eplecidereddik

1/2 ts tørket dillgras

1/2 ts tørket oregano

Havsalt og malt svart pepper, etter smak e

Veibeskrivelse

Ha vannet og quinoaen i en kjele og kok opp. Kok opp varmen umiddelbart.

La det småkoke i ca 13 minutter til quinoaen har absorbert alt vannet; luft quinoaen med en gaffel og la den avkjøles helt. Overfør deretter quinoaen til en salatskål.

Tilsett de resterende ingrediensene i salatbollen og bland godt sammen. God appetitt!

Rik bulgursalat med urter

(Klar på ca. 20 minutter + nedkjølingstid | Porsjoner 4)

Per porsjon : Kalorier: 408; Fett: 18,3g; Karbohydrater: 51,8 g; Protein: 13,1g

Ingredienser

2 kopper vann

1 kopp bulgur

12 gram hermetiske kikerter, drenert

1 persisk agurk, i tynne skiver

2 paprika, med frø og i tynne skiver

1 jalapenopepper, frøsådd og i tynne skiver

2 Roma tomater, i skiver

1 løk, i tynne skiver

2 ss frisk basilikum, hakket

2 ss frisk persille, hakket

2 ss frisk mynte, hakket

2 ss fersk gressløk, hakket

4 ss olivenolje

1 ss balsamicoeddik

1 ss sitronsaft

1 ts fersk hvitløk, presset

Havsalt og nykvernet sort pepper, etter smak

2 ss næringsgjær

1/2 kopp Kalamata oliven, i skiver

Veibeskrivelse

Kok opp vannet og bulguren i en kjele. Kok opp varmen umiddelbart og la det koke i ca 20 minutter eller til bulguren er mør og vannet er nesten absorbert. Luft med en gaffel og fordel på et stort brett for å avkjøles.

Legg bulguren i en salatskål etterfulgt av kikerter, agurk, paprika, tomater, løk, basilikum, persille, mynte og gressløk.

I en liten røreform, visp olivenolje, balsamicoeddik, sitronsaft, hvitløk, salt og sort pepper. Kle salaten og bland for å kombinere.

Dryss næringsgjær over toppen, pynt med oliven og server ved romtemperatur. God appetitt!

Klassisk stekt peppersalat

(Klar på ca. 15 minutter + nedkjølingstid | Porsjoner 3)

Per porsjon : Kalorier: 178; Fett: 14,4g; Karbohydrater: 11,8 g; Protein: 2,4g

Ingredienser

6 paprika

3 ss ekstra virgin olivenolje

3 ts rødvinseddik

3 fedd hvitløk, finhakket

2 ss frisk persille, hakket

Havsalt og nyknekket sort pepper, etter smak

1/2 ts røde pepperflak

6 ss pinjekjerner, grovhakket

Veibeskrivelse

Stek paprikaene på et bakepapirkledd bakepapir i ca 10 minutter, roter pannen halvveis gjennom steketiden til de er forkullet på alle sider.

Dekk deretter paprikaene med en plastfolie for å dampe. Kast skinnet, frøene og kjernene.

Skjær paprikaen i strimler og bland dem med de resterende ingrediensene. Sett i kjøleskapet til du skal servere. God appetitt!

Sterk vinterquinoasuppe

(Ferdig på ca. 25 minutter | Porsjoner 4)

Per porsjon : Kalorier: 328; Fett: 11,1g; Karbohydrater: 44,1g; Protein: 13,3g

Ingredienser

2 ss olivenolje

1 løk, hakket

2 gulrøtter, skrelt og hakket

1 pastinakk, hakket

1 stangselleri, hakket

1 kopp gul squash, hakket

4 fedd hvitløk, presset eller finhakket

4 kopper stekt grønnsaksbuljong

2 mellomstore tomater, knuste

1 kopp quinoa

Havsalt og malt svart pepper, etter smak

1 laurbær

2 kopper Chard, seige ribber fjernet og revet i biter

2 ss italiensk persille, hakket

Veibeskrivelse

I en tykkbunnet gryte, varm oliven over middels høy varme. Surr nå løk, gulrot, pastinakk, selleri og gul squash i ca. 3 minutter eller til grønnsakene er så vidt møre.

Ha i hvitløken og fortsett å surre i 1 minutt eller til den er aromatisk.

Rør deretter inn grønnsaksbuljong, tomater, quinoa, salt, pepper og laurbær; kok opp. Reduser varmen umiddelbart til en koking og la den koke i 13 minutter.

Brett inn mangold; fortsett å småkoke til mangolden visner.

Hell i individuelle boller og server pyntet med frisk persille. God appetitt!

Grønn linsesalat

(Klar på ca. 20 minutter + nedkjølingstid | Porsjoner 5)

Per porsjon : Kalorier: 349; Fett: 15,1g; Karbohydrater: 40,9 g; Protein: 15,4g

Ingredienser

1 ½ kopper grønne linser, skyllet

2 kopper ruccola

2 kopper Romainesalat, revet i biter

1 kopp babyspinat

1/4 kopp frisk basilikum, hakket

1/2 kopp sjalottløk, hakket

2 fedd hvitløk, finhakket

1/4 kopp oljepakkede soltørkede tomater, skyllet og hakket

5 ss ekstra virgin olivenolje

3 ss fersk sitronsaft

Havsalt og malt svart pepper, etter smak

Veibeskrivelse

I en stor kjele koker du 4 ½ kopper av vannet og røde linser.

Kok opp varmen umiddelbart og fortsett å koke linsene i ytterligere 15 til 17 minutter eller til de er myke, men ikke grøtaktige. Hell av og la den avkjøles helt.

Overfør linsene til en salatskål; bland linsene med de resterende ingrediensene til de er godt blandet.

Serveres avkjølt eller i romtemperatur. God appetitt!

. Acorn Squash, kikert og couscous suppe

(Klar på ca. 20 minutter | Porsjoner 4)

Per porsjon : Kalorier: 378; Fett: 11g; Karbohydrater: 60,1g;
Protein: 10,9 g

Ingredienser

2 ss olivenolje

1 sjalottløk, hakket

1 gulrot, trimmet og hakket

2 kopper eikenøtt squash, hakket

1 stilk selleri, hakket

1 ts hvitløk, finhakket

1 ts tørket rosmarin, hakket

1 ts tørket timian, hakket

2 kopper krem med løksuppe

2 kopper vann

1 kopp tørr couscous

Havsalt og malt svart pepper, etter smak

1/2 ts røde pepperflak

6 gram hermetiserte kikerter, drenert

2 ss fersk sitronsaft

Veibeskrivelse

I en tykkbunnet gryte, varm oliven over middels høy varme. Surr nå sjalottløk, gulrot, eikenøttsquash og selleri i ca. 3 minutter eller til grønnsakene er så vidt møre.

Ha i hvitløk, rosmarin og timian og fortsett å surre i 1 minutt eller til det er aromatisk.

Rør deretter inn suppe, vann, couscous, salt, sort pepper og rød pepperflak; kok opp. Reduser varmen umiddelbart til en koking og la den koke i 12 minutter.

Brett inn de hermetiske kikertene; fortsett å småkoke til den er gjennomvarmet eller ca 5 minutter til.

Hell i individuelle boller og drypp med sitronsaft over toppen. God appetitt!

. Kålsuppe med hvitløkscrostini

(Ferdig på ca. 1 time | Porsjoner 4)

Per porsjon : Kalorier: 408; Fett: 23,1g; Karbohydrater: 37,6 g; Protein: 11,8g

Ingredienser

Suppe:

2 ss olivenolje

1 middels purre, hakket

1 kopp kålrot, hakket

1 pastinakk, hakket

1 gulrot, hakket

2 kopper kål, strimlet

2 fedd hvitløk, finhakket

4 kopper grønnsaksbuljong

2 laurbærblader

Havsalt og malt svart pepper, etter smak

1/4 ts spisskummen frø

1/2 ts sennepsfrø

1 ts tørket basilikum

2 tomater, purerte

Crostini:

8 skiver baguette

2 hoder hvitløk

4 ss ekstra virgin olivenolje

Veibeskrivelse

I en suppegryte, varm 2 ss oliven over middels høy varme. Surr purre, kålrot, pastinakk og gulrot i ca. 4 minutter eller til grønnsakene er sprø-møre.

Ha i hvitløk og kål og fortsett å surre i 1 minutt eller til det er aromatisk.

Rør deretter inn grønnsaksbuljongen, laurbærbladene, salt, sort pepper, spisskummen, sennepsfrø, tørket basilikum og purerte tomater; kok opp. Reduser umiddelbart varmen til en koking og la den koke i ca 20 minutter.

I mellomtiden, forvarm ovnen til 375 grader F. Stek nå hvitløk- og baguetteskivene i ca. 15 minutter. Ta crostinien ut av ovnen.

Fortsett å steke hvitløken i 45 minutter til eller til den er veldig mør. La hvitløken avkjøles.

Skjær nå hvert hvitløkhode med en skarp tagget kniv for å skille alle feddene.

Klem de stekte hvitløksfeddene ut av skallet. Mos hvitløkmassen med 4 ss ekstra virgin olivenolje.

Fordel den stekte hvitløksblandingen jevnt på toppen av crostinien. Server med den varme suppen. God appetitt!

Krem av grønne bønnesuppe

(Klar på ca. 35 minutter | Porsjoner 4)

Per porsjon: Kalorier: 410; Fett: 19,6g; Karbohydrater: 50,6 g; Protein: 13,3g

Ingredienser

1 ss sesamolje

1 løk, hakket

1 grønn paprika, frøsådd og hakket

2 rødbrune poteter, skrelt og i terninger

2 fedd hvitløk, hakket

4 kopper grønnsaksbuljong

1 pund grønne bønner, trimmet

Havsalt og kvernet sort pepper, for å smake til

1 kopp fullfett kokosmelk

Veibeskrivelse

I en tykkbunnet gryte, varm sesamen over middels høy varme. Surr nå løk, paprika og poteter i ca. 5 minutter, rør med jevne mellomrom.

Ha i hvitløken og fortsett å surre i 1 minutt eller til dufter.

Rør deretter inn grønnsaksbuljongen, grønne bønner, salt og sort pepper; kok opp. Reduser varmen umiddelbart til en koking og la den koke i 20 minutter.

Pureer den grønne bønneblandingen med en stavmikser til den er kremaktig og jevn.

Ha den purerte blandingen tilbake i kjelen. Vend inn kokosmelken og fortsett å småkoke til den er gjennomvarme eller ca 5 minutter lenger.

Hell i individuelle boller og server varm. God appetitt!

Tradisjonell fransk løksuppe

(Ferdig på ca. 1 time og 30 minutter | Porsjoner 4)

Per porsjon : Kalorier: 129; Fett: 8,6 g; Karbohydrater: 7,4 g; Protein: 6,3 g

Ingredienser

2 ss olivenolje

2 store gule løk, i tynne skiver

2 timiankvister, hakket

2 rosmarinkvister, hakket

2 ts balsamicoeddik

4 kopper grønnsakskraft

Havsalt og malt svart pepper, etter smak

Veibeskrivelse

I en eller nederlandsk ovn, varm olivenoljen over moderat varme. Kok nå løkene med timian, rosmarin og 1 ts havsalt i ca. 2 minutter.

Skru nå varmen til middels lav og fortsett å steke til løken karamelliserer seg eller ca. 50 minutter.

Tilsett balsamicoeddik og fortsett å koke i ytterligere 15 til. Ha i kraften, salt og sort pepper og fortsett å småkoke i 20 til 25 minutter.

Server med ristet brød og nyt!

. Stekt gulrotsuppe

(Ferdig på ca. 50 minutter | Porsjoner 4)

Per porsjon : Kalorier: 264; Fett: 18,6g; Karbohydrater: 20,1g; Protein: 7,4g

Ingredienser

1 ½ pund gulrøtter

4 ss olivenolje

1 gul løk, hakket

2 fedd hvitløk, finhakket

1/3 ts malt spisskummen

Havsalt og hvit pepper, etter smak

1/2 ts gurkemeiepulver

4 kopper grønnsakskraft

2 ts sitronsaft

2 ss fersk koriander, grovhakket

Veibeskrivelse

Start med å forvarme ovnen til 400 grader F. Plasser gulrøttene på et stort bakepapirkledd bakepapir; sleng gulrøttene med 2 ss olivenolje.

Stek gulrøttene i ca 35 minutter eller til de er myke.

Varm opp de resterende 2 ss olivenolje i en tykkbunnet gryte. Surr nå løken og hvitløken i ca 3 minutter eller til den er aromatisk.

Tilsett spisskummen, salt, pepper, gurkemeie, grønnsakskraft og ristede gulrøtter. Fortsett å småkoke i 12 minutter til.

Pureer suppen med en stavmikser. Drypp sitronsaft over suppen og server garnert med friske korianderblader. God appetitt!

Italiensk Penne Pasta Salat

(Klar på ca. 15 minutter + nedkjølingstid | Porsjoner 3)

Per porsjon : Kalorier: 614; Fett: 18,1g; Karbohydrater: 101g; Protein: 15,4g

Ingredienser

9 gram penne pasta

9 gram hermetisert Cannellini-bønne, drenert

1 liten løk, i tynne skiver

1/3 kopp Niçoise-oliven, uthulet og skåret i skiver

2 italiensk paprika i skiver

1 kopp cherrytomater, halvert

3 kopper ruccola

Dressing:

3 ss ekstra virgin olivenolje

1 ts sitronskall

1 ts hvitløk, finhakket

3 ss balsamicoeddik

1 ts italiensk urteblanding

Havsalt og malt svart pepper, etter smak

Veibeskrivelse

Kok penne-pastaen i henhold til anvisningen på pakken. Hell av og skyll pastaen. La det avkjøles helt og overfør det deretter til en salatskål.

Tilsett deretter bønner, løk, oliven, paprika, tomater og ruccola i salatbollen.

Bland alle ingrediensene til dressingen til alt er godt blandet. Kle på salaten og server godt avkjølt. God appetitt!

Indisk Chana Chaat-salat

(Klar på ca. 45 minutter + nedkjølingstid | Porsjoner 4)

Per porsjon : Kalorier: 604; Fett: 23,1g; Karbohydrater: 80g; Protein: 25,3g

Ingredienser

1 pund tørre kikerter, bløtlagt over natten

2 San Marzano tomater, i terninger

1 persisk agurk, i skiver

1 løk, hakket

1 paprika, med frø og i tynne skiver

1 grønn chili, med frø og i tynne skiver

2 håndfuller babyspinat

1/2 ts Kashmiri chili pulver

4 karriblader, hakket

1 ss chaat masala

2 ss fersk sitronsaft, eller etter smak

4 ss olivenolje

1 ts agavesirup

1/2 ts sennepsfrø

1/2 ts korianderfrø

2 ss sesamfrø, lett ristet

2 ss fersk koriander, grovhakket

Veibeskrivelse

Tøm kikertene og ha dem over i en stor kjele. Dekk kikertene med vann med 2 tommer og kok opp.

Kok opp varmen umiddelbart og fortsett å koke i ca. 40 minutter.

Kast kikertene med tomater, agurk, løk, paprika, spinat, chilipulver, karriblader og chaat masala.

Bland sitronsaften, olivenolje, agavesirup, sennepsfrø og korianderfrø grundig i en liten blandebolle.

Pynt med sesamfrø og frisk koriander. God appetitt!

Tempeh og nudelsalat i thai-stil

(Ferdig på ca. 45 minutter | Porsjoner 3)

Per porsjon : Kalorier: 494; Fett: 14,5g; Karbohydrater: 75g; Protein: 18,7g

Ingredienser

6 gram tempeh

4 ss riseddik

4 ss soyasaus

2 fedd hvitløk, finhakket

1 liten lime, nypresset

5 gram risnudler

1 gulrot, finhakket

1 sjalottløk, hakket

3 håndfuller kinakål, i tynne skiver

3 håndfuller grønnkål, revet i biter

1 paprika, med frø og i tynne skiver

1 fugleperspektiv chili, finhakket

1/4 kopp peanøttsmør

2 ss agavesirup

Veibeskrivelse

Legg tempeh, 2 ss riseddik, soyasaus, hvitløk og limejuice i en keramisk form; la det marinere i ca 40 minutter.

Kok i mellomtiden risnudlene i henhold til pakkens anvisninger. Tøm nudlene og ha dem over i en salatskål.

Tilsett gulrot, sjalottløk, kål, grønnkål og paprika i salatbollen. Tilsett peanøttsmøret, de resterende 2 ss riseddik og agavesirup og bland godt sammen.

Topp med den marinerte tempen og server umiddelbart. Nyt!

Klassisk krem av brokkoli suppe

(Klar på ca. 35 minutter | Porsjoner 4)

Per porsjon : Kalorier: 334; Fett: 24,5g; Karbohydrater: 22,5 g; Protein: 10,2g

Ingredienser

2 ss olivenolje

1 pund brokkolibuketter

1 løk, hakket

1 selleriribbe, hakket

1 pastinakk, hakket

1 ts hvitløk, hakket

3 kopper grønnsaksbuljong

1/2 ts tørket dill

1/2 ts tørket oregano

Havsalt og malt svart pepper, etter smak

2 ss linfrømåltid

1 kopp fullfett kokosmelk

Veibeskrivelse

I en tykkbunnet gryte, varm olivenoljen over middels høy varme. Surr nå brokkoliløk, selleri og pastinakk i ca. 5 minutter, rør med jevne mellomrom.

Ha i hvitløken og fortsett å surre i 1 minutt eller til dufter.

Rør deretter inn grønnsaksbuljongen, dill, oregano, salt og sort pepper; kok opp. Reduser umiddelbart varmen til en koking og la den koke i ca 20 minutter.

Pureer suppen med en stavmikser til den er kremaktig og jevn.

Ha den purerte blandingen tilbake i kjelen. Vend inn linfrømel og kokosmelk; fortsett å småkoke til den er gjennomvarmet eller ca 5 minutter.

Hell i fire serveringsskåler og nyt!

Marokkansk linse- og rosinsalat

(Klar på ca. 20 minutter + nedkjølingstid | Porsjoner 4)

Per porsjon : Kalorier: 418; Fett: 15g; Karbohydrater: 62,9 g; Protein: 12,4g

Ingredienser

1 kopp røde linser, skyllet

1 stor gulrot, finhakket

1 persisk agurk, i tynne skiver

1 søt løk, hakket

1/2 kopp gylne rosiner

1/4 kopp fersk mynte, oppskåret

1/4 kopp fersk basilikum, oppskåret

1/4 kopp ekstra virgin olivenolje

1/4 kopp sitronsaft, ferskpresset

1 ts revet sitronskall

1/2 ts fersk ingefærrot, skrelt og finhakket

1/2 ts granulert hvitløk

1 ts malt allehånde

Havsalt og malt svart pepper, etter smak

Veibeskrivelse

I en stor kasserolle koker du 3 kopper av vannet og 1 kopp linser.

Kok opp varmen umiddelbart og fortsett å koke linsene i ytterligere 15 til 17 minutter eller til de har myknet, men ikke er grøtete ennå. Hell av og la den avkjøles helt.

Overfør linsene til en salatskål; tilsett gulrot, agurk og søtløk. Tilsett deretter rosiner, mynte og basilikum til salaten.

I en liten mikseform, visp olivenolje, sitronsaft, sitronskall, ingefær, granulert hvitløk, allehånde, salt og sort pepper.

Kle på salaten og server godt avkjølt. God appetitt!

Asparges og kikertsalat

(Klar på ca. 10 minutter + nedkjølingstid | Porsjoner 5)

Per porsjon: Kalorier: 198; Fett: 12,9 g; Karbohydrater: 17,5 g; Protein: 5,5g

Ingredienser

1 ¼ pund asparges, trimmet og kuttet i passe store biter

5 gram hermetiske kikerter, drenert og skylt

1 chipotle pepper, frøet og hakket

1 italiensk pepper, frøsådd og hakket

1/4 kopp friske basilikumblader, hakket

1/4 kopp friske persilleblader, hakket

2 ss friske mynteblader

2 ss fersk gressløk, hakket

1 ts hvitløk, finhakket

1/4 kopp ekstra virgin olivenolje

1 ss balsamicoeddik

1 ss fersk limejuice

2 ss soyasaus

1/4 ts malt allehånde

1/4 ts malt spisskummen

Havsalt og nyknekkede pepperkorn, etter smak f.eks

Veibeskrivelse

Kok opp en stor kjele med saltet vann med aspargesen; la det koke i 2 minutter; tøm og skyll.

Ha aspargesen over i en salatskål.

Kast aspargesen med kikerter, paprika, urter, hvitløk, olivenolje, eddik, limejuice, soyasaus og krydder.

Bland for å kombinere og server umiddelbart. God appetitt!

Gammeldags salat med grønne bønner

(Klar på ca. 10 minutter + nedkjølingstid | Porsjoner 4)

Per porsjon : Kalorier: 240; Fett: 14,1g; Karbohydrater: 29g; Protein: 4,4g

Ingredienser

1 ½ pund grønne bønner, trimmet

1/2 kopp løk, hakket

1 ts hvitløk, finhakket

1 persisk agurk, i skiver

2 kopper druetomater, halvert

1/4 kopp olivenolje

1 ts delikatesse-sennep

2 ss tamarisaus

2 ss sitronsaft

1 ss eplecidereddik

1/4 ts spisskummen pulver

1/2 ts tørket timian

Havsalt og malt svart pepper, etter smak

Veibeskrivelse

Kok de grønne bønnene i en stor kjele med saltet vann til de er akkurat møre eller ca 2 minutter.

Hell av og la bønnene avkjøles helt; overfør dem deretter til en salatskål. Kast bønnene med de resterende ingrediensene.

God appetitt!

Vinterbønnesuppe

(Ferdig på ca. 25 minutter | Porsjoner 4)

Per porsjon : Kalorier: 234; Fett: 5,5g; Karbohydrater: 32,3g; Protein: 14,4g

Ingredienser

1 ss olivenolje

2 ss sjalottløk, hakket

1 gulrot, hakket

1 pastinakk, hakket

1 stangselleri, hakket

1 ts frisk hvitløk, finhakket

4 kopper grønnsaksbuljong

2 laurbærblader

1 rosmarinkvist, hakket

16 gram hermetiske marinebønner

Flaket havsalt og malt svart pepper, etter smak

Veibeskrivelse

I en tykkbunnet gryte, varm oliven over middels høy varme. Surr nå sjalottløk, gulrot, pastinakk og selleri i ca. 3 minutter eller til grønnsakene er så vidt møre.

Ha i hvitløken og fortsett å surre i 1 minutt eller til den er aromatisk.

Tilsett deretter grønnsaksbuljong, laurbærblad og rosmarin og kok opp. Reduser varmen umiddelbart til en koking og la den koke i 10 minutter.

Brett inn marinebønnene og fortsett å småkoke i ca 5 minutter lenger til alt er gjennomvarmet. Smak til med salt og sort pepper etter smak.

Hell i individuelle boller, kast laurbærbladene og server varm. God appetitt!

Cremini-soppsuppe i italiensk stil

(Ferdig på ca. 15 minutter | Porsjoner 3)

Per porsjon : Kalorier: 154; Fett: 12,3g; Karbohydrater: 9,6 g; Protein: 4,4g

Ingredienser

3 ss vegansk smør

1 hvit løk, hakket

1 rød paprika, hakket

1/2 ts hvitløk, presset

3 kopper Cremini-sopp, hakket

2 ss mandelmel

3 kopper vann

1 ts italiensk urteblanding

Havsalt og malt svart pepper, etter smak

1 haugevis av fersk gressløk, grovhakket

Veibeskrivelse

I en gryte smelter du vegansk smør over middels høy varme. Når den er varm, surr løk og pepper i ca 3 minutter til de er myke.

Ha i hvitløk og Cremini-sopp og fortsett å surre til soppen er myk. Dryss mandelmel over soppen og fortsett å koke i 1 minutt eller så.

Ha i de resterende ingrediensene. La det småkoke, dekket og fortsett å koke i 5 til 6 minutter til væsken har tyknet litt.

Hell i tre suppeboller og pynt med fersk gressløk. God appetitt!

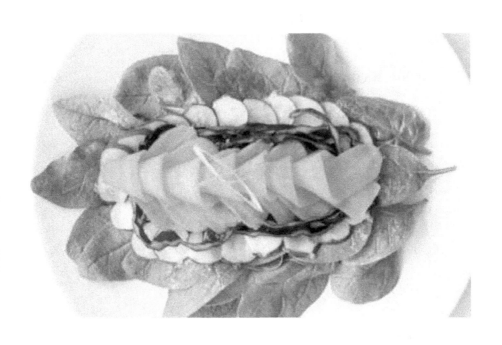

Kremet potetsuppe med urter

(Ferdig på ca. 40 minutter | Porsjoner 4)

Per porsjon: Kalorier: 400; Fett: 9g; Karbohydrater: 68,7g; Protein: 13,4g

Ingredienser

2 ss olivenolje

1 løk, hakket

1 stangselleri, hakket

4 store poteter, skrelt og hakket

2 fedd hvitløk, finhakket

1 ts frisk basilikum, hakket

1 ts frisk persille, hakket

1 ts frisk rosmarin, hakket

1 laurbær

1 ts malt allehånde

4 kopper grønnsakskraft

Salt og nykvernet sort pepper, etter smak

2 ss finhakket fersk gressløk

Veibeskrivelse

I en tykkbunnet gryte, varm olivenoljen over middels høy varme. Når den er varm, sauter du løk, selleri og poteter i ca. 5 minutter, mens du rører med jevne mellomrom.

Tilsett hvitløk, basilikum, persille, rosmarin, laurbær og allehånde og fortsett å surre i 1 minutt eller til dufter.

Tilsett nå grønnsakskraften, salt og sort pepper og kok opp raskt. Reduser varmen umiddelbart til en koking og la den koke i ca 30 minutter.

Pureer suppen med en stavmikser til den er kremaktig og jevn.

Varm opp suppen og server med fersk gressløk. God appetitt!

Quinoa og avokado salat

(Klar på ca. 15 minutter + nedkjølingstid | Porsjoner 4)

Per porsjon : Kalorier: 399; Fett: 24,3g; Karbohydrater: 38,5 g; Protein: 8,4g

Ingredienser

1 kopp quinoa, skylt

1 løk, hakket

1 tomat, i terninger

2 ristede paprika, kuttet i strimler

2 ss persille, hakket

2 ss basilikum, hakket

1/4 kopp ekstra virgin olivenolje

2 ss rødvinseddik

2 ss sitronsaft

1/4 ts kajennepepper

Havsalt og nykvernet sort pepper, for å smake til

1 avokado, skrelt, pitlet og skåret i skiver

1 ss sesamfrø, ristet

Veibeskrivelse

Ha vannet og quinoaen i en kjele og kok opp. Kok opp varmen umiddelbart.

La det småkoke i ca 13 minutter til quinoaen har absorbert alt vannet; luft quinoaen med en gaffel og la den avkjøles helt. Overfør deretter quinoaen til en salatskål.

Tilsett løk, tomat, stekt paprika, persille og basilikum i salatbollen. I en annen liten bolle, visp olivenolje, eddik, sitronsaft, cayennepepper, salt og sort pepper.

Kle salaten og bland godt sammen. Topp med avokadoskiver og pynt med ristede sesamfrø.

God appetitt!

Tabbouleh salat med tofu

(Klar på ca. 20 minutter + nedkjølingstid | Porsjoner 4)

Per porsjon : Kalorier: 379; Fett: 18,3g; Karbohydrater: 40,7 g; Protein: 19,9 g

Ingredienser

1 kopp bulgurhvete

2 San Marzano-tomater i skiver

1 persisk agurk, i tynne skiver

2 ss basilikum, hakket

2 ss persille, hakket

4 løk, hakket

2 kopper ruccola

2 kopper babyspinat, revet i biter

4 ss tahini

4 ss sitronsaft

1 ss soyasaus

1 ts fersk hvitløk, presset

Havsalt og malt svart pepper, etter smak

12 gram røkt tofu, i terninger

Veibeskrivelse

Kok opp 2 kopper vann og bulguren i en kjele. Kok opp varmen umiddelbart og la det koke i ca 20 minutter eller til bulguren er mør og vannet nesten absorbert. Luft med en gaffel og fordel på et stort brett for å avkjøles.

Legg bulguren i en salatskål etterfulgt av tomater, agurk, basilikum, persille, løk, ruccola og spinat.

I en liten røreform, visp tahini, sitronsaft, soyasaus, hvitløk, salt og sort pepper. Kle salaten og bland for å kombinere.

Topp salaten med røkt tofu og server ved romtemperatur. God appetitt!

Hagepasta salat

(Klar på ca. 10 minutter + nedkjølingstid | Porsjoner 4)

Per porsjon : Kalorier: 479; Fett: 15g; Karbohydrater: 71,1g; Protein: 14,9 g

Ingredienser

12 gram rotini pasta

1 liten løk, i tynne skiver

1 kopp cherrytomater, halvert

1 paprika, hakket

1 jalapenopepper, hakket

1 ss kapers, avrent

2 kopper isbergsalat, revet i biter

2 ss frisk persille, hakket

2 ss frisk koriander, hakket

2 ss frisk basilikum, hakket

1/4 kopp olivenolje

2 ss eplecidereddik

1 ts hvitløk, presset

Kosher salt og malt svart pepper, etter smak

2 ss næringsgjær

2 ss pinjekjerner, ristet og hakket d

Veibeskrivelse

Kok pastaen i henhold til anvisningen på pakken. Hell av og skyll pastaen. La det avkjøles helt og overfør det deretter til en salatskål.

Tilsett deretter løk, tomater, paprika, kapers, salat, persille, koriander og basilikum i salatbollen.

Visp olivenolje, eddik, hvitløk, salt, sort pepper og næringsgjær. Dress salaten og topp med ristede pinjekjerner. God appetitt!

Tradisjonell ukrainsk borsjtsj

(Ferdig på ca. 40 minutter | Porsjoner 4)

Per porsjon : Kalorier: 367; Fett: 9,3g; Karbohydrater: 62,7g; Protein: 12,1g

Ingredienser

2 ss sesamolje

1 rødløk, hakket

2 gulrøtter, trimmet og skåret i skiver

2 store rødbeter, skrellet og skåret i skiver

2 store poteter, skrelt og i terninger

4 kopper grønnsakskraft

2 fedd hvitløk, finhakket

1/2 ts karvefrø

1/2 ts selleri frø

1/2 ts fennikelfrø

1 pund rødkål, strimlet

1/2 ts blandede pepperkorn, nysprukket

Kosher salt, etter smak

2 laurbærblader

2 ss vineddik

Veibeskrivelse

I en nederlandsk ovn, varm sesamolje over en moderat flamme. Når den er varm, fres løken til den er mør og gjennomsiktig, ca. 6 minutter.

Tilsett gulrøtter, rødbeter og poteter og fortsett å surre i ytterligere 10 minutter, tilsett grønnsakskraften med jevne mellomrom.

Rør deretter inn hvitløk, karvefrø, sellerifrø, fennikelfrø og fortsett å surre i ytterligere 30 sekunder.

Ha i kål, blandede pepperkorn, salt og laurbærblad. Ha i resten av kraften og kok opp.

Kok opp varmen umiddelbart og fortsett å koke i 20 til 23 minutter lenger til grønnsakene har blitt mykne.

Hell i individuelle boller og drypp vineddik over. Server og nyt!

Beluga linsesalat

(Klar på ca. 20 minutter + nedkjølingstid | Porsjoner 4)

Per porsjon : Kalorier: 338; Fett: 16,3g; Karbohydrater: 37,2g; Protein: 13g

Ingredienser

1 kopp Beluga-linser, skyllet

1 persisk agurk, i skiver

1 stor tomat, i skiver

1 rødløk, hakket

1 paprika, i skiver

1/4 kopp frisk basilikum, hakket

1/4 kopp fersk italiensk persille, hakket

2 gram grønne oliven, pitted og skiver

1/4 kopp olivenolje

4 ss sitronsaft

1 ts delikatesse-sennep

1/2 ts hvitløk, finhakket

1/2 ts røde pepperflak, knust

Havsalt og malt svart pepper, etter smak

Veibeskrivelse

I en stor kasserolle koker du 3 kopper av vannet og 1 kopp linser.

Kok opp varmen umiddelbart og fortsett å koke linsene i ytterligere 15 til 17 minutter eller til de er myke, men ikke grøtaktige. Hell av og la den avkjøles helt.

Overfør linsene til en salatskål; tilsett agurk, tomater, løk, pepper, basilikum, persille og oliven.

I en liten røreform, visp olivenolje, sitronsaft, sennep, hvitløk, rød pepper, salt og sort pepper.

Kle salaten, bland for å kombinere og server godt avkjølt. God appetitt!

Naan-salat i indisk stil

(Klar på ca. 10 minutter | Porsjoner 3)

Per porsjon : Kalorier: 328; Fett: 17,3g; Karbohydrater: 36,6 g; Protein: 6,9 g

Ingredienser

3 ss sesamolje

1 ts ingefær, skrelt og finhakket

1/2 ts spisskummen frø

1/2 ts sennepsfrø

1/2 ts blandede pepperkorn

1 ss karriblader

3 naanbrød, delt i passe store biter

1 sjalottløk, hakket

2 tomater, hakket

Himalayasalt, etter smak

1 ss soyasaus

Veibeskrivelse

Varm 2 ss sesamolje i en nonstick-gryte over moderat høy varme.

Surr ingefær, spisskummen, sennepsfrø, blandede pepperkorn og karriblader i ca. 1 minutt til dufter.

Rør inn naan-brødene og fortsett å koke, rør med jevne mellomrom, til de er gyldenbrune og godt dekket med krydderne.

Legg sjalottløk og tomater i en salatbolle; sleng dem med salt, soyasaus og de resterende 1 ss av sesamolje.

Legg den ristede naanen på toppen av salaten og server ved romtemperatur. Nyt!

Grillet peppersalat i gresk stil

(Ferdig på ca. 10 minutter | Porsjoner 2)

Per porsjon : Kalorier: 185; Fett: 11,5g; Karbohydrater: 20,6g; Protein: 3,7 g

Ingredienser

2 røde paprika

2 gule paprika

2 fedd hvitløk, presset

4 ts ekstra virgin olivenolje

1 ss kapers, skyllet og drenert

2 ss rødvinseddik

Havsalt og kvernet pepper, etter smak

1 ts frisk dillgras, hakket

1 ts frisk oregano, hakket

1/4 kopp Kalamata-oliven, uthulet og skåret i skiver

Veibeskrivelse

Stek paprikaene på et bakepapirkledd bakepapir i ca 10 minutter, roter pannen halvveis gjennom steketiden til de er forkullet på alle sider.

Dekk deretter paprikaene med en plastfolie for å dampe. Kast skinnet, frøene og kjernene.

Skjær paprikaen i strimler og legg dem i en salatskål. Ha i de resterende ingrediensene og bland godt sammen.

Sett i kjøleskapet til du skal servere. God appetitt!

Nyrebønne- og potetsuppe

(Ferdig på ca. 30 minutter | Porsjoner 4)

Per porsjon: Kalorier: 266; Fett: 7,7 g; Karbohydrater: 41,3g; Protein: 9,3 g

Ingredienser

2 ss olivenolje

1 løk, hakket

1 pund poteter, skrelt og i terninger

1 mellomstore selleristilker, hakket

2 fedd hvitløk, finhakket

1 ts paprika

4 kopper vann

2 ss vegansk buljongpulver

16 gram hermetiske kidneybønner, drenert

2 kopper babyspinat

Havsalt og malt svart pepper, etter smak

Veibeskrivelse

I en tykkbunnet gryte, varm oliven over middels høy varme. Surr nå løken, potetene og selleri i omtrent 5 minutter eller til løken er gjennomsiktig og mør.

Ha i hvitløken og fortsett å surre i 1 minutt eller til den er aromatisk.

Tilsett deretter paprika, vann og vegansk buljongpulver og kok opp. Reduser varmen umiddelbart til en koking og la den koke i 15 minutter.

Brett inn marinebønnene og spinaten; fortsett å småkoke i ca 5 minutter til alt er gjennomvarmet. Smak til med salt og sort pepper etter smak.

Hell i individuelle boller og server varm. God appetitt!

Vinterquinoasalat med sylteagurk

(Klar på ca. 20 minutter + nedkjølingstid | Porsjoner 4)

Per porsjon : Kalorier: 346; Fett: 16,7g; Karbohydrater: 42,6g; Protein: 9,3 g

Ingredienser

1 kopp quinoa

4 fedd hvitløk, finhakket

2 syltede agurker, hakket

10 gram hermetisert rød paprika, hakket

1/2 kopp grønne oliven, uthulet og skåret i skiver

2 kopper grønnkål, strimlet

2 kopper isbergsalat, revet i biter

4 syltede chili, hakket

4 ss olivenolje

1 ss sitronsaft

1 ts sitronskall

1/2 ts tørket merian

Havsalt og malt svart pepper, etter smak

1/4 kopp fersk gressløk, grovhakket

Veibeskrivelse

Ha to kopper vann og quinoaen i en kjele og kok opp. Kok opp varmen umiddelbart.

La det småkoke i ca 13 minutter til quinoaen har absorbert alt vannet; luft quinoaen med en gaffel og la den avkjøles helt. Overfør deretter quinoaen til en salatskål.

Tilsett hvitløk, syltet agurk, paprika, oliven, kål, salat og syltede chili i salatbollen og bland for å kombinere.

Lag dressingen i en liten miksebolle ved å visp de resterende ingrediensene. Kle salaten, bland godt og server umiddelbart. God appetitt!

Stekt villsoppsuppe

(Ferdig på ca. 55 minutter | Porsjoner 3)

Per porsjon : Kalorier: 313; Fett: 23,5g; Karbohydrater: 14,5 g; Protein: 14,5g

Ingredienser

3 ss sesamolje

1 pund blandet villsopp, i skiver

1 hvit løk, hakket

3 fedd hvitløk, finhakket og delt

2 kvister timian, hakket

2 kvister rosmarin, hakket

1/4 kopp linfrømel

1/4 kopp tørr hvitvin

3 kopper grønnsaksbuljong

1/2 ts røde chiliflak

Hvitløksalt og nykvernet sort pepper, til krydret

Veibeskrivelse

Start med å forvarme ovnen til 395 grader F.

Legg soppen i et enkelt lag på en bakepapirkledd form. Drypp soppen med 1 ss sesamolje.

Stek soppen i forvarmet ovn i ca 25 minutter, eller til den er mør.

Varm de resterende 2 ss av sesamolje i en gryte på middels varme. Stek deretter løken i ca 3 minutter eller til den er mør og gjennomsiktig.

Tilsett deretter hvitløk, timian og rosmarin og fortsett å surre i 1 minutt eller så til den er aromatisk. Dryss linfrømel over alt.

Tilsett de resterende ingrediensene og fortsett å småkoke i 10 til 15 minutter lenger eller til alt er gjennomstekt.

Rør inn den stekte soppen og fortsett å småkoke i ytterligere 12 minutter. Hell i suppeboller og server varm. Nyt!

Grønn bønnesuppe i middelhavsstil

(Ferdig på ca. 25 minutter | Porsjoner 5)

Per porsjon : Kalorier: 313; Fett: 23,5g; Karbohydrater: 14,5 g; Protein: 14,5g

Ingredienser

2 ss olivenolje

1 løk, hakket

1 selleri med blader, hakket

1 gulrot, hakket

2 fedd hvitløk, finhakket

1 zucchini, hakket

5 kopper grønnsaksbuljong

1 ¼ pund grønne bønner, trimmet og kuttet i passe store biter

2 mellomstore tomater, purerte

Havsalt og nykvernet sort pepper, etter smak

1/2 ts kajennepepper

1 ts oregano

1/2 ts tørket dill

1/2 kopp Kalamata-oliven, uthulet og skåret i skiver

Veibeskrivelse

I en tykkbunnet gryte, varm oliven over middels høy varme. Surr nå løk, selleri og gulrot i ca. 4 minutter eller til grønnsakene er så vidt møre.

Ha i hvitløk og zucchini og fortsett å surre i 1 minutt eller til det er aromatisk.

Rør deretter inn grønnsaksbuljongen, grønne bønner, tomater, salt, sort pepper, cayennepepper, oregano og tørket dill; kok opp. Reduser varmen umiddelbart til en koking og la den koke i ca 15 minutter.

Hell i individuelle boller og server med skivede oliven. God appetitt!

Krem av gulrotsuppe

(Ferdig på ca. 30 minutter | Porsjoner 4)

Per porsjon : Kalorier: 333; Fett: 23g; Karbohydrater: 26g; Protein: 8,5 g

Ingredienser

2 ss sesamolje

1 løk, hakket

1 ½ pund gulrøtter, trimmet og hakket

1 pastinakk, hakket

2 fedd hvitløk, finhakket

1/2 ts karripulver

Havsalt og kajennepepper, etter smak

4 kopper grønnsaksbuljong

1 kopp fullfett kokosmelk

Veibeskrivelse

I en tykkbunnet kjele, varm sesamolje over middels høy varme.
Surr nå løk, gulrøtter og pastinakk i ca 5 minutter, rør med jevne mellomrom.

Ha i hvitløken og fortsett å surre i 1 minutt eller til dufter.

Rør deretter inn karripulver, salt, kajennepepper og grønnsaksbuljong; kok opp raskt. Reduser varmen umiddelbart til en koking og la den koke i 18 til 20 minutter.

Pureer suppen med en stavmikser til den er kremaktig og jevn.

Ha den purerte blandingen tilbake i kjelen. Vend inn kokosmelken og fortsett å småkoke til den er gjennomvarme eller ca 5 minutter lenger.

Hell i fire boller og server varm. God appetitt!

Italiensk Nonnas pizzasalat

(Klar på ca. 15 minutter + nedkjølingstid | Porsjoner 4)

Per porsjon : Kalorier: 595; Fett: 17,2g; Karbohydrater: 93g; Protein: 16g

Ingredienser

1 pund makaroni

1 kopp marinert sopp, i skiver

1 kopp druetomater, halvert

4 ss løkløk, hakket

1 ts hvitløk, finhakket

1 italiensk pepper, i skiver

1/4 kopp ekstra virgin olivenolje

1/4 kopp balsamicoeddik

1 ts tørket oregano

1 ts tørket basilikum

1/2 ts tørket rosmarin

Havsalt og kajennepepper, etter smak

1/2 kopp sorte oliven, i skiver

Veibeskrivelse

Kok pastaen i henhold til anvisningen på pakken. Hell av og skyll pastaen. La det avkjøles helt og overfør det deretter til en salatskål.

Tilsett deretter de resterende ingrediensene og rør til makaronien er godt dekket.

Smak og juster krydderne; plasser pizzasalaten i kjøleskapet til den skal brukes. God appetitt!

Kremet gylden grønnsaksuppe

(Ferdig på ca. 45 minutter | Porsjoner 4)

Per porsjon : Kalorier: 550; Fett: 27,2g; Karbohydrater: 70,4g; Protein: 13,2g

Ingredienser

2 ss avokadoolje

1 gul løk, hakket

2 Yukon Gold-poteter, skrelt og i terninger

2 pund butternut squash, skrelt, frøsett og kuttet

1 pastinakk, trimmet og skåret i skiver

1 ts ingefær-hvitløkspasta

1 ts gurkemeiepulver

1 ts fennikelfrø

1/2 ts chilipulver

1/2 ts gresskarpaikrydder

Kosher salt og malt svart pepper, etter smak

3 kopper grønnsakskraft

1 kopp fullfett kokosmelk

2 ss pepitas

Veibeskrivelse

I en tykkbunnet kjele, varm oljen over middels høy varme. Surr nå løk, poteter, butternut squash og pastinakk i ca. 10 minutter, rør med jevne mellomrom for å sikre jevn steking.

Tilsett ingefær-hvitløkspastaen og fortsett å surre i 1 minutt eller til den er aromatisk.

Rør deretter inn gurkemeiepulver, fennikelfrø, chilipulver, gresskarpaikrydder, salt, sort pepper og grønnsakskraft; kok opp. Reduser varmen umiddelbart til en koking og la den koke i ca 25 minutter.

Pureer suppen med en stavmikser til den er kremaktig og jevn.

Ha den purerte blandingen tilbake i kjelen. Vend inn kokosmelken og fortsett å småkoke til den er gjennomvarme eller ca 5 minutter lenger.

Hell i individuelle boller og server pyntet med pepitas. God appetitt!

Stekt blomkålsuppe

(Ferdig på ca. 1 time | Porsjoner 4)

Per porsjon: Kalorier: 310; Fett: 24g; Karbohydrater: 16,8 g; Protein: 11,8g

Ingredienser

1 ½ pund blomkålbuketter

4 ss olivenolje

1 løk, hakket

2 fedd hvitløk, finhakket

1/2 ts ingefær, skrelt og finhakket

1 ts frisk rosmarin, hakket

2 ss frisk basilikum, hakket

2 ss frisk persille, hakket

4 kopper grønnsakskraft

Havsalt og malt svart pepper, etter smak

1/2 ts malt sumak

1/4 kopp tahini

1 sitron, ferskpresset

Veibeskrivelse

Begynn med å forvarme ovnen til 425 grader F. Kast blomkålen med 2 ss olivenolje og legg dem på en stekepanne med bakepapir.

Stek deretter blomkålbukettene i ca. 30 minutter under omrøring, en eller to ganger for å fremme jevn matlaging.

I mellomtiden, i en tykkbunnet gryte, varm opp de resterende 2 ss olivenolje over middels høy varme. Surr nå løken i ca 4 minutter til den er mør og gjennomsiktig.

Tilsett hvitløk, ingefær, rosmarin, basilikum og persille og fortsett å surre i 1 minutt eller til dufter.

Rør deretter inn grønnsakskraften, salt, sort pepper og sumac og kok opp. Reduser varmen umiddelbart til en koking og la den koke i ca. 20 til 22 minutter.

Pureer suppen med en stavmikser til den er kremaktig og jevn.

Ha den purerte blandingen tilbake i kjelen. Brett inn tahini og fortsett å småkoke i ca 5 minutter eller til alt er gjennomstekt.

Hell i individuelle boller, pynt med sitronsaft og server varm. Nyt!

Tradisjonell indisk Rajma Dal

(Klar på ca. 20 minutter | Porsjoner 4)

Per porsjon : Kalorier: 269; Fett: 15,2g; Karbohydrater: 22,9 g; Protein: 7,2g

Ingredienser

3 ss sesamolje

1 ts ingefær, finhakket

1 ts spisskummen frø

1 ts korianderfrø

1 stor løk, hakket

1 stangselleri, hakket

1 ts hvitløk, finhakket

1 kopp tomatsaus

1 ts garam masala

1/2 ts karripulver

1 liten kanelstang

1 grønn chili, frøsådd og finhakket

2 kopper hermetiske røde kidneybønner, drenert

2 kopper grønnsaksbuljong

Kosher salt og malt svart pepper, etter smak

Veibeskrivelse

I en kjele, varm sesamolje over middels høy varme; sauter nå ingefær, spisskummen og korianderfrø til dufter eller ca. 30 sekunder eller så.

Tilsett løk og selleri og fortsett å surre i 3 minutter til til de er myke.

Ha i hvitløken og fortsett å surre i 1 minutt lenger.

Rør de resterende ingrediensene i kasserollen og skru opp varmen. Fortsett å koke i 10 til 12 minutter eller til den er gjennomkokt. Server varm og nyt!

Rød nyrebønnesalat

(Klar på ca. 1 time + nedkjølingstid | Porsjoner 6)

Per porsjon : Kalorier: 443; Fett: 19,2g; Karbohydrater: 52,2g; Protein: 18,1g

Ingredienser

3/4 pund røde kidneybønner, bløtlagt over natten

2 paprika, hakket

1 gulrot, trimmet og revet

3 gram frosne eller hermetiske maiskjerner, drenert

3 dynke ss løkløk, hakket

2 fedd hvitløk, finhakket

1 rød chilipepper, i skiver

1/2 kopp ekstra virgin olivenolje

2 ss eplecidereddik

2 ss fersk sitronsaft

Havsalt og malt svart pepper, etter smak

2 ss frisk koriander, hakket

2 ss frisk persille, hakket

2 ss frisk basilikum, hakket

Veibeskrivelse

Dekk de bløtlagte bønnene med et friskt skifte av kaldt vann og kok opp. La det koke i ca 10 minutter. Kok opp varmen og fortsett å koke i 50 til 55 minutter eller til de er møre.

La bønnene avkjøles helt, og overfør dem deretter til en salatskål.

Ha i de resterende ingrediensene og bland godt sammen. God appetitt!

Anasazi bønne- og grønnsaksstuing

(Ferdig på omtrent 1 time | Porsjoner 3)

Per porsjon : Kalorier: 444; Fett: 15,8g; Karbohydrater: 58,2g; Protein: 20,2g

Ingredienser

1 kopp Anasazi bønner, bløtlagt over natten og drenert

3 kopper stekt grønnsaksbuljong

1 laurbær

1 timiankvist, hakket

1 rosmarinkvist, hakket

3 ss olivenolje

1 stor løk, hakket

2 stangselleri, hakket

2 gulrøtter, hakket

2 paprika, frøsett og hakket

1 grønn chilipepper, frøsådd og hakket

2 fedd hvitløk, finhakket

Havsalt og malt svart pepper, etter smak

1 ts kajennepepper

1 ts paprika

Veibeskrivelse

Kok opp Anasazi-bønnene og buljongen i en kjele. Når det koker, skru opp varmen til en koking. Ha i laurbær, timian og rosmarin; la det koke i ca 50 minutter eller til det er mørt.

I mellomtiden, i en tykkbunnet gryte, varm opp olivenolje på middels høy varme. Surr nå løk, selleri, gulrøtter og paprika i ca. 4 minutter til de er møre.

Ha i hvitløken og fortsett å surre i 30 sekunder til eller til den er aromatisk.

Tilsett den sauterte blandingen til de kokte bønnene. Smak til med salt, sort pepper, kajennepepper og paprika.

Fortsett å småkoke, rør med jevne mellomrom, i 10 minutter til eller til alt er gjennomstekt. God appetitt!

Enkel og solid Shakshuka

(Ferdig på ca. 50 minutter | Porsjoner 4)

Per porsjon : Kalorier: 324; Fett: 11,2g; Karbohydrater: 42,2g; Protein: 15,8g

Ingredienser

2 ss olivenolje

1 løk, hakket

2 paprika, hakket

1 poblano pepper, hakket

2 fedd hvitløk, finhakket

2 tomater, purerte

Havsalt og sort pepper, etter smak

1 ts tørket basilikum

1 ts rød pepperflak

1 ts paprika

2 laurbærblader

1 kopp kikerter, bløtlagt over natten, skyllet og drenert

3 kopper grønnsaksbuljong

2 ss fersk koriander, grovhakket

Veibeskrivelse

Varm opp olivenolje i en kjele på middels varme. Når den er varm, stek løk, paprika og hvitløk i ca. 4 minutter, til de er møre og aromatiske.

Ha i de purerte tomattomatene, havsalt, sort pepper, basilikum, rød pepper, paprika og laurbærblad.

Kok opp varmen og tilsett kikerter og grønnsaksbuljong. Kok i 45 minutter eller til de er møre.

Smak og juster krydder. Hell shakshukaen din i individuelle boller og server garnert med frisk koriander. God appetitt!

Gammeldags chili

(Ferdig på ca. 1 time og 30 minutter | Porsjoner 4)

Per porsjon : Kalorier: 514; Fett: 16,4g; Karbohydrater: 72g; Protein: 25,8g

Ingredienser

3/4 pund røde kidneybønner, bløtlagt over natten

2 ss olivenolje

1 løk, hakket

2 paprika, hakket

1 rød chilipepper, hakket

2 ribber selleri, hakket

2 fedd hvitløk, finhakket

2 laurbærblader

1 ts malt spisskummen

1 ts timian, hakket

1 ts sorte pepperkorn

20 gram tomater, knust

2 kopper grønnsaksbuljong

1 ts røkt paprika

Havsalt, etter smak

2 ss frisk koriander, hakket

1 avokado, uthulet, skrellet og skåret i skiver

Veibeskrivelse

Dekk de bløtlagte bønnene med et friskt skifte av kaldt vann og kok opp. La det koke i ca 10 minutter. Kok opp varmen og fortsett å koke i 50 til 55 minutter eller til de er møre.

I en tykkbunnet kjele, varm opp olivenolje på middels varme. Når den er varm, surr løk, paprika og selleri.

Surr hvitløk, laurbærblader, malt spisskummen, timian og sort pepper i ca 1 minutt eller så.

Ha i terninger av tomater, grønnsaksbuljong, paprika, salt og kokte bønner. La det småkoke, rør med jevne mellomrom, i 25 til 30 minutter eller til det er gjennomstekt.

Server garnert med fersk koriander og avokado. God appetitt!

Enkel rød linsesalat

(Klar på ca. 20 minutter + nedkjølingstid | Porsjoner 3)

Per porsjon : Kalorier: 295; Fett: 18,8g; Karbohydrater: 25,2g; Protein: 8,5 g

Ingredienser

1/2 kopp røde linser, bløtlagt over natten og drenert

1 ½ kopp vann

1 kvist rosmarin

1 laurbærblad

1 kopp druetomater, halvert

1 agurk, i tynne skiver

1 paprika, i tynne skiver

1 fedd hvitløk, finhakket

1 løk, i tynne skiver

2 ss fersk limejuice

4 ss olivenolje

Havsalt og malt svart pepper, etter smak

Veibeskrivelse

Tilsett røde linser, vann, rosmarin og laurbærblad i en kjele og kok opp på høy varme. Skru deretter varmen til en la det småkoke og fortsett å koke i 20 minutter eller til de er møre.

Legg linsene i en salatskål og la dem avkjøles helt.

Ha i de resterende ingrediensene og bland godt sammen. Server ved romtemperatur eller godt avkjølt.

God appetitt!

Kikertsalat i middelhavsstil

(Klar på ca. 40 minutter + nedkjølingstid | Porsjoner 4)

Per porsjon : Kalorier: 468; Fett: 12,5g; Karbohydrater: 73g; Protein: 21,8g

Ingredienser

2 kopper kikerter, bløtlagt over natten og avrent

1 persisk agurk, i skiver

1 kopp cherrytomater, halvert

1 rød paprika, frøet og skåret i skiver

1 grønn paprika, frøet og skåret i skiver

1 ts delikatesse-sennep

1 ts korianderfrø

1 ts jalapenopepper, finhakket

1 ss fersk sitronsaft

1 ss balsamicoeddik

1/4 kopp ekstra virgin olivenolje

Havsalt og malt svart pepper, etter smak

2 ss frisk koriander, hakket

2 ss Kalamata-oliven, uthulet og skåret i skiver

Veibeskrivelse

Legg kikertene i en kjele; dekk kikertene med vann med 2 tommer. Gi det et oppkok.

Kok opp varmen umiddelbart og fortsett å koke i ca 40 minutter eller til de er møre.

Overfør kikertene dine til en salatskål. Ha i de resterende ingrediensene og bland godt sammen. God appetitt!

Tradisjonell toskansk bønnegryte (Ribollita)

(Ferdig på ca. 25 minutter | Porsjoner 5)

Per porsjon : Kalorier: 388; Fett: 10,3g; Karbohydrater: 57,3g; Protein: 19,5g

Ingredienser

3 ss olivenolje

1 middels purre, hakket

1 selleri med blader, hakket

1 zucchini, i terninger

1 italiensk pepper, i skiver

3 fedd hvitløk, knust

2 laurbærblader

Kosher salt og malt svart pepper, etter smak

1 ts kajennepepper

1 (28-unse) boks tomater, knust

2 kopper grønnsaksbuljong

2 (15 unse) bokser Great Northern bønner, drenert

2 kopper Lacinato-grønnkål, revet i biter

1 kopp crostini

Veibeskrivelse

I en tykkbunnet kjele, varm opp olivenolje på middels varme. Når den er varm, surrer du purre, selleri, zucchini og pepper i ca 4 minutter.

Fres hvitløk og laurbærblader i ca 1 minutt eller så.

Ha i krydder, tomater, buljong og hermetiske bønner. La det småkoke, rør av og til, i ca 15 minutter eller til det er gjennomstekt.

Tilsett Lacinato-grønnkålen og fortsett å småkoke, rør av og til, i 4 minutter.

Server pyntet med crostini. God appetitt!

Beluga-linser og grønnsaksmelange

(Ferdig på ca. 25 minutter | Porsjoner 5)

Per porsjon : Kalorier: 382; Fett: 9,3g; Karbohydrater: 59g; Protein: 17,2g

Ingredienser

3 ss olivenolje

1 løk, finhakket

2 paprika, frøsett og hakket

1 gulrot, trimmet og hakket

1 pastinakk, trimmet og hakket

1 ts ingefær, finhakket

2 fedd hvitløk, finhakket

Havsalt og malt svart pepper, etter smak

1 stor zucchini, i terninger

1 kopp tomatsaus

1 kopp grønnsaksbuljong

1 ½ kopper beluga-linser, bløtlagt over natten og drenert

2 kopper Chard

Veibeskrivelse

Varm opp olivenoljen i en nederlandsk ovn til den er kokt. Surr nå løk, paprika, gulrot og pastinakk til de er myke.

Tilsett ingefær og hvitløk og fortsett å surre i ytterligere 30 sekunder.

Tilsett nå salt, sort pepper, zucchini, tomatsaus, grønnsaksbuljong og linser; la det småkoke i ca 20 minutter til alt er gjennomstekt.

Legg i mangold; dekk til og la det småkoke i 5 minutter til. God appetitt!

Meksikanske tacoboller med kikert

(Ferdig på ca. 15 minutter | Porsjoner 4)

Per porsjon : Kalorier: 409; Fett: 13,5g; Karbohydrater: 61,3g;
Protein: 13,8g

Ingredienser

2 ss sesamolje

1 rødløk, hakket

1 habanero pepper, finhakket

2 fedd hvitløk, knust

2 paprika, frøsett og i terninger

Havsalt og kvernet sort pepper

1/2 ts meksikansk oregano

1 ts malt spisskummen

2 modne tomater, purerte

1 ts brunt sukker

16 gram hermetiske kikerter, drenert

4 (8-tommers) meltortillas

2 ss fersk koriander, grovhakket

Veibeskrivelse

I en stor stekepanne, varm sesamolje over en moderat høy varme. Stek deretter løkene i 2 til 3 minutter eller til de er møre.

Ha i paprika og hvitløk og fortsett å surre i 1 minutt eller til dufter.

Ha i krydder, tomater og brunt sukker og kok opp. Kok opp varmen umiddelbart, tilsett de hermetiske kikertene og la det koke i 8 minutter lenger eller til de er gjennomvarme.

Rist tortillaene og ordne dem med den tilberedte kikertblandingen.

Topp med fersk koriander og server umiddelbart. God appetitt!

Indiske Dal Makhani

(Klar på ca. 20 minutter | Porsjoner 6)

Per porsjon : Kalorier: 329; Fett: 8,5 g; Karbohydrater: 44,1g; Protein: 16,8g

Ingredienser

3 ss sesamolje

1 stor løk, hakket

1 paprika, frøsådd og hakket

2 fedd hvitløk, finhakket

1 ss ingefær, revet

2 grønne chili, frøsådd og hakket

1 ts spisskummen frø

1 laurbær

1 ts gurkemeiepulver

1/4 ts rød paprika

1/4 ts malt allehånde

1/2 ts garam masala

1 kopp tomatsaus

4 kopper grønnsaksbuljong

1 ½ kopper svarte linser, bløtlagt over natten og drenert

4-5 karriblader, til garnering h

Veibeskrivelse

I en kjele, varm sesamolje over middels høy varme; sauter nå løken og paprikaen i 3 minutter til til de er myke.

Tilsett hvitløk, ingefær, grønn chili, spisskummen og laurbærbær; fortsett å sautere, rør ofte, i 1 minutt eller til dufter.

Rør inn de resterende ingrediensene, bortsett fra karribladene. Skru nå varmen til en koking. Fortsett å koke i 15 minutter til eller til den er gjennomstekt.

Pynt med karriblader og server varm!

bønneskål i meksikansk stil

(Klar på ca. 1 time + nedkjølingstid | Porsjoner 6)

Per porsjon : Kalorier: 465; Fett: 17,9 g; Karbohydrater: 60,4g; Protein: 20,2g

Ingredienser

1 pund røde bønner, bløtlagt over natten og drenert

1 kopp hermetiske maiskjerner, drenert

2 ristede paprika, i skiver

1 chilipepper, finhakket

1 kopp cherrytomater, halvert

1 rødløk, hakket

1/4 kopp frisk koriander, hakket

1/4 kopp frisk persille, hakket

1 ts meksikansk oregano

1/4 kopp rødvinseddik

2 ss fersk sitronsaft

1/3 kopp ekstra virgin olivenolje

Havsalt og malt svart, etter smak

1 avokado, skrelt, pitlet og skåret i skiver

Veibeskrivelse

Dekk de bløtlagte bønnene med et friskt skifte av kaldt vann og kok opp. La det koke i ca 10 minutter. Kok opp varmen og fortsett å koke i 50 til 55 minutter eller til de er møre.

La bønnene avkjøles helt, og overfør dem deretter til en salatskål.

Ha i de resterende ingrediensene og bland godt sammen. Server ved romtemperatur.

God appetitt!

Klassisk italiensk minestrone

(Ferdig på ca. 30 minutter | Porsjoner 5)

Per porsjon : Kalorier: 305; Fett: 8,6 g; Karbohydrater: 45,1g; Protein: 14,2g

Ingredienser

2 ss olivenolje

1 stor løk, i terninger

2 gulrøtter, i skiver

4 fedd hvitløk, finhakket

1 kopp albuepasta

5 kopper grønnsaksbuljong

1 (15 unse) boks hvite bønner, drenert

1 stor zucchini, i terninger

1 (28-unse) boks tomater, knust

1 ss friske oreganoblader, hakket

1 ss friske basilikumblader, hakket

1 ss fersk italiensk persille, hakket

Veibeskrivelse

Varm opp olivenoljen i en nederlandsk ovn til den er kokt. Surr nå løken og gulrøttene til de er myke.

Tilsett hvitløk, ukokt pasta og buljong; la det småkoke i ca 15 minutter.

Rør inn bønner, zucchini, tomater og urter. Fortsett å koke, dekket, i ca 10 minutter til alt er gjennomstekt.

Pynt med litt ekstra urter om ønskelig. God appetitt!

Grønn linsestuing med Collard Greens

(Ferdig på ca. 30 minutter | Porsjoner 5)

Per porsjon : Kalorier: 415; Fett: 6,6g; Karbohydrater: 71g;
Protein: 18,4g

Ingredienser

2 ss olivenolje

1 løk, hakket

2 søtpoteter, skrelt og i terninger

1 paprika, hakket

2 gulrøtter, hakket

1 pastinakk, hakket

1 selleri, hakket

2 fedd hvitløk

1 ½ kopp grønne linser

1 ss italiensk urteblanding

1 kopp tomatsaus

5 kopper grønnsaksbuljong

1 kopp frossen mais

1 kopp collard greener, revet i biter

Veibeskrivelse

Varm opp olivenoljen i en nederlandsk ovn til den er kokt. Surr nå løk, søtpoteter, paprika, gulrøtter, pastinakk og selleri til de er myke.

Ha i hvitløken og fortsett å surre i ytterligere 30 sekunder.

Tilsett nå grønne linser, italiensk urteblanding, tomatsaus og grønnsaksbuljong; la det småkoke i ca 20 minutter til alt er gjennomstekt.

Tilsett frossen mais og collard greener; dekk til og la det småkoke i 5 minutter til. God appetitt!

Kikerthagegrønnsaksmedley

(Ferdig på ca. 30 minutter | Porsjoner 4)

Per porsjon : Kalorier: 369; Fett: 18,1g; Karbohydrater: 43,5 g;
Protein: 13,2g

Ingredienser

2 ss olivenolje

1 løk, finhakket

1 paprika, hakket

1 fennikelløk, hakket

3 fedd hvitløk, finhakket

2 modne tomater, purerte

2 ss fersk persille, grovhakket

2 ss fersk basilikum, grovhakket

2 ss fersk koriander, grovhakket

2 kopper grønnsaksbuljong

14 gram hermetiske kikerter, drenert

Kosher salt og malt svart pepper, etter smak

1/2 ts kajennepepper

1 ts paprika

1 avokado, skrelt og skåret i skiver

Veibeskrivelse

I en tykkbunnet kjele, varm opp olivenolje på middels varme. Når den er varm, sauter du løk, paprika og fennikel i ca 4 minutter.

Surr hvitløken i ca 1 minutt eller til den er aromatisk.

Ha i tomater, friske urter, buljong, kikerter, salt, sort pepper, cayennepepper og paprika. La det småkoke, rør av og til, i ca 20 minutter eller til det er gjennomstekt.

Smak til og juster krydderet. Server pyntet med skivene av den ferske avokadoen. God appetitt!

Varm bønnesaus

(Klar på ca. 30 minutter | Porsjoner 10)

Per porsjon : Kalorier: 175; Fett: 4,7g; Karbohydrater: 24,9 g;
Protein: 8,8g

Ingredienser

2 (15 unse) bokser Great Northern bønner, drenert

2 ss olivenolje

2 ss Sriracha saus

2 ss næringsgjær

4 gram vegansk kremost

1/2 ts paprika

1/2 ts kajennepepper

1/2 ts malt spisskummen

Havsalt og malt svart pepper, etter smak

4 gram tortillachips

Veibeskrivelse

Start med å forvarme ovnen til 360 grader F.

Puls alle ingrediensene, bortsett fra tortillachipsene, i foodprosessoren til ønsket konsistens er nådd.

Stek dippen i den forvarmede ovnen i ca 25 minutter eller til den er varm.

Server med tortillachips og nyt!

Soyabønnesalat i kinesisk stil

(Ferdig på ca. 10 minutter | Porsjoner 4)

Per porsjon : Kalorier: 265; Fett: 13,7g; Karbohydrater: 21g; Protein: 18g

Ingredienser

1 (15 unse) boks soyabønner, drenert

1 kopp ruccola

1 kopp babyspinat

1 kopp grønnkål, strimlet

1 løk, i tynne skiver

1/2 ts hvitløk, finhakket

1 ts ingefær, finhakket

1/2 ts delikatesse-sennep

2 ss soyasaus

1 ss riseddik

1 ss limejuice

2 ss tahini

1 ts agavesirup

Veibeskrivelse

I en salatskål legger du soyabønner, ruccola, spinat, kål og løk; kast for å kombinere.

I en liten røreform, visp de resterende ingrediensene til dressingen.

Kle på salaten og server umiddelbart. God appetitt!

Gammeldags linse- og grønnsaksstuing

(Ferdig på ca. 25 minutter | Porsjoner 5)

Per porsjon : Kalorier: 475; Fett: 17,3g; Karbohydrater: 61,4g; Protein: 23,7g

Ingredienser

3 ss olivenolje

1 stor løk, hakket

1 gulrot, hakket

1 paprika, i terninger

1 habanero pepper, hakket

3 fedd hvitløk, finhakket

Kosher salt og sort pepper, etter smak

1 ts malt spisskummen

1 ts røkt paprika

1 (28-unse) boks tomater, knust

2 ss tomatketchup

4 kopper grønnsaksbuljong

3/4 pund tørre røde linser, bløtlagt over natten og drenert

1 avokado, i skiver

Veibeskrivelse

I en tykkbunnet kjele, varm opp olivenolje på middels varme. Når den er varm, surr løk, gulrot og paprika i ca 4 minutter.

Surr hvitløken i ca 1 minutt eller så.

Ha i krydder, tomater, ketchup, buljong og hermetiske linser. La det småkoke, rør av og til, i ca 20 minutter eller til det er gjennomstekt.

Server pyntet med avokadoskivene. God appetitt!

Indiske Chana Masala

(Ferdig på ca. 15 minutter | Porsjoner 4)

Per porsjon : Kalorier: 305; Fett: 17,1g; Karbohydrater: 30,1 g;
Protein: 9,4g

Ingredienser

1 kopp tomater, purerte

1 Kashmiri chilipepper, hakket

1 stor sjalottløk, hakket

1 ts fersk ingefær, skrelt og revet

4 ss olivenolje

2 fedd hvitløk, finhakket

1 ts korianderfrø

1 ts garam masala

1/2 ts gurkemeiepulver

Havsalt og malt svart pepper, etter smak

1/2 kopp grønnsaksbuljong

16 gram hermetiske kikerter

1 ss fersk limejuice

Veibeskrivelse

I blenderen eller foodprosessoren blander du tomatene, Kashmiri-chilipepper, sjalottløk og ingefær til en pasta.

I en kjele, varm olivenolje over middels varme. Når den er varm, kok den tilberedte pastaen og hvitløken i ca. 2 minutter.

Ha i resterende krydder, buljong og kikerter. Skru varmen til et småkok. Fortsett å småkoke i 8 minutter til eller til den er gjennomstekt.

Fjern fra varmen. Drypp fersk limejuice over toppen av hver porsjon. God appetitt!

Rød nyrebønnepaté

(Klar på ca. 10 minutter | Porsjoner 8)

Per porsjon : Kalorier: 135; Fett: 12,1g; Karbohydrater: 4,4g; Protein: 1,6g

Ingredienser

2 ss olivenolje

1 løk, hakket

1 paprika, hakket

2 fedd hvitløk, finhakket

2 kopper røde kidneybønner, kokt og drenert

1/4 kopp olivenolje

1 ts steinkvernet sennep

2 ss frisk persille, hakket

2 ss frisk basilikum, hakket

Havsalt og malt svart pepper, etter smak

Veibeskrivelse

I en kjele, varm olivenolje over middels høy varme. Kok nå løk, pepper og hvitløk til det er så vidt mørt eller ca. 3 minutter.

Legg den sauterte blandingen til blenderen din; tilsett de resterende ingrediensene. Pureer ingrediensene i blenderen eller foodprosessoren til den er jevn og kremaktig.

God appetitt!

Brun linsebolle

(Klar på ca. 20 minutter + nedkjølingstid | Porsjoner 4)

Per porsjon : Kalorier: 452; Fett: 16,6g; Karbohydrater: 61,7 g; Protein: 16,4g

Ingredienser

1 kopp brune linser, bløtlagt over natten og drenert

3 kopper vann

2 kopper brun ris, kokt

1 zucchini, i terninger

1 rødløk, hakket

1 ts hvitløk, finhakket

1 agurk, i skiver

1 paprika, i skiver

4 ss olivenolje

1 ss riseddik

2 ss sitronsaft

2 ss soyasaus

1/2 ts tørket oregano

1/2 ts malt spisskummen

Havsalt og malt svart pepper, etter smak

2 kopper ruccola

2 kopper Romainesalat, revet i biter

Veibeskrivelse

Tilsett brune linser og vann i en kjele og kok opp på høy varme. Skru deretter varmen til en la det småkoke og fortsett å koke i 20 minutter eller til de er møre.

Legg linsene i en salatskål og la dem avkjøles helt.

Ha i de resterende ingrediensene og bland godt sammen. Server ved romtemperatur eller godt avkjølt. God appetitt!

Varm og krydret Anasazi bønnesuppe

(Ferdig på ca. 1 time og 10 minutter | Porsjoner 5)

Per porsjon : Kalorier: 352; Fett: 8,5 g; Karbohydrater: 50,1 g; Protein: 19,7g

Ingredienser

2 kopper Anasazi bønner, bløtlagt over natten, drenert og skylt

8 kopper vann

2 laurbærblader

3 ss olivenolje

2 mellomstore løk, hakket

2 paprika, hakket

1 habanero pepper, hakket

3 fedd hvitløk, presset eller finhakket

Havsalt og malt svart pepper, etter smak

Veibeskrivelse

Kok opp Anasazi-bønnene og vannet i en suppegryte. Når det koker, skru opp varmen til en koking. Ha i laurbærbladene og la det koke i ca 1 time eller til det er mørt.

I mellomtiden, i en tykkbunnet gryte, varm opp olivenolje på middels høy varme. Surr nå løk, paprika og hvitløk i ca. 4 minutter til de er møre.

Tilsett den sauterte blandingen til de kokte bønnene. Smak til med salt og sort pepper.

Fortsett å småkoke, rør med jevne mellomrom, i 10 minutter til eller til alt er gjennomstekt. God appetitt!

Black-Eyed Pea Salat (Ñebbe)

(Ferdig på omtrent 1 time | Porsjoner 5)

Per porsjon : Kalorier: 471; Fett: 17,5g; Karbohydrater: 61,5 g; Protein: 20,6g

Ingredienser

2 kopper tørkede svartøyde erter, bløtlagt over natten og drenert

2 ss basilikumblader, hakket

2 ss persilleblader, hakket

1 sjalottløk, hakket

1 agurk, i skiver

2 paprika, frøsett og i terninger

1 Scotch bonnet chilipepper, frøsådd og finhakket

1 kopp cherrytomater, delt i kvarte

Havsalt og malt svart pepper, etter smak

2 ss fersk limejuice

1 ss eplecidereddik

1/4 kopp ekstra virgin olivenolje

1 avokado, skrelt, pitlet og skåret i skiver

Veibeskrivelse

Dekk de svartøyde ertene med vann med 2 tommer og kok opp forsiktig. La det koke i ca 15 minutter.

Skru deretter varmen til en la det småkoke i ca 45 minutter. La den avkjøles helt.

Legg de svartøyde ertene i en salatskål. Tilsett basilikum, persille, sjalottløk, agurk, paprika, cherrytomater, salt og sort pepper.

I en miksebolle, visp limejuice, eddik og olivenolje.

Kle salaten, pynt med fersk avokado og server umiddelbart. God appetitt!

Mors berømte chili

(Ferdig på omtrent 1 time og 30 minutter | Porsjoner 5)

Per porsjon: Kalorier: 455; Fett: 10,5g; Karbohydrater: 68,6g; Protein: 24,7g

Ingredienser

1 pund røde svarte bønner, bløtlagt over natten og drenert

3 ss olivenolje

1 stor rødløk, i terninger

2 paprika, i terninger

1 poblano pepper, finhakket

1 stor gulrot, trimmet og kuttet i terninger

2 fedd hvitløk, finhakket

2 laurbærblader

1 ts blandede pepperkorn

Kosher salt og kajennepepper, etter smak

1 ss paprika

2 modne tomater, purerte

2 ss tomatketchup

3 kopper grønnsaksbuljong

Veibeskrivelse

Dekk de bløtlagte bønnene med et friskt skifte av kaldt vann og kok opp. La det koke i ca 10 minutter. Kok opp varmen og fortsett å koke i 50 til 55 minutter eller til de er møre.

I en tykkbunnet kjele, varm opp olivenolje på middels varme. Når den er varm, surr løk, paprika og gulrot.

Surr hvitløken i ca 30 sekunder eller til den er aromatisk.

Tilsett de resterende ingrediensene sammen med de kokte bønnene. La det småkoke, rør med jevne mellomrom, i 25 til 30 minutter eller til det er gjennomstekt.

Kast laurbærbladene, øs over i individuelle boller og server varm!

Kremet kikertsalat med pinjekjerner

(Ferdig på ca. 10 minutter | Porsjoner 4)

Per porsjon : Kalorier: 386; Fett: 22,5g; Karbohydrater: 37,2g; Protein: 12,9g

Ingredienser

16 gram hermetiske kikerter, drenert

1 ts hvitløk, finhakket

1 sjalottløk, hakket

1 kopp cherrytomater, halvert

1 paprika, frøet og skåret i skiver

1/4 kopp frisk basilikum, hakket

1/4 kopp frisk persille, hakket

1/2 kopp vegansk majones

1 ss sitronsaft

1 ts kapers, avrent

Havsalt og malt svart pepper, etter smak

2 gram pinjekjerner

Veibeskrivelse

Legg kikerter, grønnsaker og urter i en salatskål.

Ha i majones, sitronsaft, kapers, salt og sort pepper. Rør for å kombinere.

Topp med pinjekjerner og server umiddelbart. God appetitt!

Black Bean Buda Bowl

(Ferdig på ca. 1 time | Porsjoner 4)

Per porsjon : Kalorier: 365; Fett: 14,1g; Karbohydrater: 45,6 g; Protein: 15,5g

Ingredienser

1/2 pund svarte bønner, bløtlagt over natten og drenert

2 kopper brun ris, kokt

1 middels stor løk, i tynne skiver

1 kopp paprika, frøsådd og skåret i skiver

1 jalapenopepper, frøsådd og skåret i skiver

2 fedd hvitløk, finhakket

1 kopp ruccola

1 kopp babyspinat

1 ts limeskall

1 ss dijonsennep

1/4 kopp rødvinseddik

1/4 kopp ekstra virgin olivenolje

2 ss agavesirup

Flaket havsalt og malt svart pepper, etter smak

1/4 kopp fersk italiensk persille, grovhakket

Veibeskrivelse

Dekk de bløtlagte bønnene med et friskt skifte av kaldt vann og kok opp. La det koke i ca 10 minutter. Kok opp varmen og fortsett å koke i 50 til 55 minutter eller til de er møre.

For å servere deler du bønnene og risen mellom serveringsboller; topp med grønnsakene.

I en liten blandebolle blander du limeskall, sennep, eddik, olivenolje, agavesirup, salt og pepper grundig. Drypp vinaigretten over salaten.

Pynt med fersk italiensk persille. God appetitt!

Midtøsten kikertstuing

(Klar på ca. 20 minutter | Porsjoner 4)

Per porsjon : Kalorier: 305; Fett: 11,2g; Karbohydrater: 38,6 g; Protein: 12,7g

Ingredienser

1 løk, hakket

1 chilipepper, hakket

2 fedd hvitløk, hakket

1 ts sennepsfrø

1 ts korianderfrø

1 laurbærblad

1/2 kopp tomatpuré

2 ss olivenolje

1 selleri med blader, hakket

2 mellomstore gulrøtter, trimmet og hakket

2 kopper grønnsaksbuljong

1 ts malt spisskummen

1 liten kanelstang

16 gram hermetiske kikerter, drenert

2 kopper Chard, revet i biter

Veibeskrivelse

I blenderen eller foodprosessoren blander du løk, chilipepper, hvitløk, sennepsfrø, korianderfrø, laurbærblad og tomatpuré til en pasta.

Varm opp olivenoljen i en gryte til den er sur. Kok nå selleri og gulrøtter i ca 3 minutter eller til de er myke. Ha i pastaen og fortsett å koke i ytterligere 2 minutter.

Tilsett deretter grønnsaksbuljong, spisskummen, kanel og kikerter; kok opp forsiktig.

Skru varmen til å småkoke og la det koke i 6 minutter; brett inn mangold og fortsett å steke i 4 til 5 minutter til eller til bladene visner. Server varm og nyt!

Linser og tomatdip

(Klar på ca. 10 minutter | Porsjoner 8)

Per porsjon : Kalorier: 144; Fett: 4,5 g; Karbohydrater: 20,2g; Protein: 8,1 g

Ingredienser

16 gram linser, kokte og drenerte

4 ss soltørkede tomater, hakket

1 kopp tomatpuré

4 ss tahini

1 ts steinkvernet sennep

1 ts malt spisskummen

1/4 ts malt laurbærblad

1 ts rød pepperflak

Havsalt og malt svart pepper, etter smak

Veibeskrivelse

Bland alle ingrediensene i blenderen eller foodprosessoren til ønsket konsistens er nådd.

Sett i kjøleskapet til du skal servere.

Server med ristede pitabletter eller grønnsaksstaver. Nyt!

Kremet salat med grønne erter

(Klar på ca. 10 minutter + nedkjølingstid | Porsjoner 6)

Per porsjon : Kalorier: 154; Fett: 6,7 g; Karbohydrater: 17,3g; Protein: 6,9 g

Ingredienser

2 (14,5 unse) bokser grønne erter, drenert

1/2 kopp vegansk majones

1 ts dijonsennep

2 ss løkløk, hakket

2 pickles, hakket

1/2 kopp marinert sopp, hakket og drenert

1/2 ts hvitløk, finhakket

Havsalt og malt svart pepper, etter smak

Veibeskrivelse

Ha alle ingrediensene i en salatskål. Rør forsiktig for å kombinere.

Plasser salaten i kjøleskapet til den skal serveres.

God appetitt!

Midtøsten Za'atar Hummus

(Klar på ca. 10 minutter | Porsjoner 8)

Per porsjon: Kalorier: 140; Fett: 8,5 g; Karbohydrater: 12,4g; Protein: 4,6 g

Ingredienser

10 gram kikerter, kokte og drenerte

1/4 kopp tahini

2 ss ekstra virgin olivenolje

2 ss soltørkede tomater, hakket

1 sitron, ferskpresset

2 fedd hvitløk, finhakket

Kosher salt og malt svart pepper, etter smak

1/2 ts røkt paprika

1 ts Za'atar

Veibeskrivelse

Kjør alle ingrediensene i foodprosessoren til de er kremaktige og jevne.

Sett i kjøleskapet til du skal servere.

God appetitt!

Linsesalat med pinjekjerner

(Klar på ca. 20 minutter + nedkjølingstid | Porsjoner 3)

Per porsjon : Kalorier: 332; Fett: 19,7g; Karbohydrater: 28,2g; Protein: 12,2g

Ingredienser

1/2 kopp brune linser

1 ½ kopp grønnsaksbuljong

1 gulrot, kuttet i fyrstikker

1 liten løk, hakket

1 agurk, i skiver

2 fedd hvitløk, finhakket

3 ss ekstra virgin olivenolje

1 ss rødvinseddik

2 ss sitronsaft

2 ss basilikum, hakket

2 ss persille, hakket

2 ss gressløk, hakket

Havsalt og malt svart pepper, etter smak

2 ss pinjekjerner, grovhakket

Veibeskrivelse

Tilsett de brune linsene og grønnsaksbuljongen i en kjele og kok opp på høy varme. Skru deretter varmen til en la det småkoke og fortsett å koke i 20 minutter eller til de er møre.

Legg linsene i en salatskål.

Tilsett grønnsakene og bland godt sammen. I en miksebolle, visp olje, eddik, sitronsaft, basilikum, persille, gressløk, salt og sort pepper.

Kle salaten din, pynt med pinjekjerner og server i romtemperatur. God appetitt!

Varm Anasazi bønnesalat

(Ferdig på omtrent 1 time | Porsjoner 5)

Per porsjon : Kalorier: 482; Fett: 23,1g; Karbohydrater: 54,2g; Protein: 17,2g

Ingredienser

2 kopper Anasazi bønner, bløtlagt over natten, drenert og skylt

6 kopper vann

1 poblano pepper, hakket

1 løk, hakket

1 kopp cherrytomater, halvert

2 kopper blandet greener, delt i biter

Dressing:

1 ts hvitløk, hakket

1/2 kopp ekstra virgin olivenolje

1 ss sitronsaft

2 ss rødvinseddik

1 ss steinkvernet sennep

1 ss soyasaus

1/2 ts tørket oregano

1/2 ts tørket basilikum

Havsalt og malt svart pepper, etter smak e

Veibeskrivelse

Kok opp Anasazi-bønnene og vannet i en kjele. Når det koker, skru opp varmen til et småkok og la det koke i ca 1 time eller til det er mørt.

Tøm de kokte bønnene og legg dem i en salatskål; tilsett de andre salatingrediensene.

Deretter, i en liten miksebolle, visp alle dressingingrediensene til de er godt blandet. Kle salaten og bland for å kombinere. Server i romtemperatur og nyt!

Tradisjonell Mnazaleh-gryterett

(Ferdig på ca. 25 minutter | Porsjoner 4)

Per porsjon : Kalorier: 439; Fett: 24g; Karbohydrater: 44,9 g; Protein: 13,5g

Ingredienser

4 ss olivenolje

1 løk, hakket

1 stor aubergine, skrelt og i terninger

1 kopp gulrøtter, hakket

2 fedd hvitløk, finhakket

2 store tomater, purerte

1 ts Baharat-krydder

2 kopper grønnsaksbuljong

14 gram hermetiske kikerter, drenert

Kosher salt og malt svart pepper, etter smak

1 mellomstor avokado, uthulet, skrellet og skåret i skiver

Veibeskrivelse

I en tykkbunnet kjele, varm opp olivenolje på middels varme. Når den er varm, surr løk, aubergine og gulrøtter i ca 4 minutter.

Surr hvitløken i ca 1 minutt eller til den er aromatisk.

Tilsett tomater, Baharat-krydder, buljong og hermetiske kikerter. La det småkoke, rør av og til, i ca 20 minutter eller til det er gjennomstekt.

Smak til med salt og pepper. Server garnert med skiver av den ferske avokadoen. God appetitt!

Pepperrødt linsepålegg

(Klar på ca. 25 minutter | Porsjoner 9)

Per porsjon : Kalorier: 193; Fett: 8,5 g; Karbohydrater: 22,3g; Protein: 8,5 g

Ingredienser

1 ½ kopper røde linser, bløtlagt over natten og drenert

4 ½ kopper vann

1 kvist rosmarin

2 laurbærblader

2 ristede paprika, frøsådd og i terninger

1 sjalottløk, hakket

2 fedd hvitløk, finhakket

1/4 kopp olivenolje

2 ss tahini

Havsalt og malt svart pepper, etter smak

Veibeskrivelse

Tilsett røde linser, vann, rosmarin og laurbærblad i en kjele og kok opp på høy varme. Skru deretter varmen til en la det småkoke og fortsett å koke i 20 minutter eller til de er møre.

Ha linsene i en foodprosessor.

Tilsett de resterende ingrediensene og bearbeid til alt er godt innlemmet.

God appetitt!

Wok-stekt krydret snøerter

(Ferdig på ca. 10 minutter | Porsjoner 4)

Per porsjon: Kalorier: 196; Fett: 8,7 g; Karbohydrater: 23g; Protein: 7,3 g

Ingredienser

2 ss sesamolje

1 løk, hakket

1 gulrot, trimmet og hakket

1 ts ingefær-hvitløkspasta

1 pund snøerter

Szechuan pepper, etter smak

1 ts Sriracha saus

2 ss soyasaus

1 ss riseddik

Veibeskrivelse

Varm sesamolje i en wok til det syder. Stek nå løken og gulroten i 2 minutter eller til den er sprø.

Tilsett ingefær-hvitløkspastaen og fortsett å steke i 30 sekunder til.

Ha i snøertene og stek på høy varme i ca 3 minutter til de er lett forkullet.

Rør deretter inn pepper, Sriracha, soyasaus og riseddik og rør i 1 minutt til. Server umiddelbart og nyt!

Rask hverdags chili

(Ferdig på ca. 35 minutter | Porsjoner 5)

Per porsjon : Kalorier: 345; Fett: 8,7 g; Karbohydrater: 54,5 g; Protein: 15,2g

Ingredienser

2 ss olivenolje

1 stor løk, hakket

1 selleri med blader, trimmet og kuttet i terninger

1 gulrot, kuttet og i terninger

1 søtpotet, skrelt og i terninger

3 fedd hvitløk, finhakket

1 jalapenopepper, finhakket

1 ts kajennepepper

1 ts korianderfrø

1 ts fennikelfrø

1 ts paprika

2 kopper stuede tomater, knuste

2 ss tomatketchup

2 ts vegansk buljonggranulat

1 kopp vann

1 kopp krem løksuppe

2 pund hermetiske pintobønner, avrent

1 lime, i skiver

Veibeskrivelse

I en tykkbunnet kjele, varm opp olivenolje på middels varme. Når den er varm, surr løk, selleri, gulrot og søtpotet i ca. 4 minutter.

Surr hvitløk og jalapenopepper i ca 1 minutt eller så.

Tilsett krydder, tomater, ketchup, veganske buljonggranulat, vann, løksuppe og hermetiske bønner. La det småkoke, rør av og til, i ca 30 minutter eller til det er gjennomstekt.

Server pyntet med limeskivene. God appetitt!

Kremet Black-Eyed Pea Salat

(Ferdig på omtrent 1 time | Porsjoner 5)

Per porsjon : Kalorier: 325; Fett: 8,6 g; Karbohydrater: 48,2g; Protein: 17,2g

Ingredienser

1 ½ kopp svartøyde erter, bløtlagt over natten og drenert

4 stølsløkstilker, i skiver

1 gulrot, finhakket

1 kopp grønnkål, strimlet

2 paprika, frøsett og hakket

2 mellomstore tomater, i terninger

1 ss soltørkede tomater, hakket

1 ts hvitløk, finhakket

1/2 kopp vegansk majones

1 ss limejuice

1/4 kopp hvitvinseddik

Havsalt og malt svart pepper, etter smak

Veibeskrivelse

Dekk de svartøyde ertene med vann med 2 tommer og kok opp forsiktig. La det koke i ca 15 minutter.

Skru deretter varmen til en la det småkoke i ca 45 minutter. La den avkjøles helt.

Legg de svartøyde ertene i en salatskål. Tilsett de resterende ingrediensene og rør for å blande godt. God appetitt!

Kikertfylte avokadoer

(Ferdig på ca. 10 minutter | Porsjoner 4)

Per porsjon: Kalorier: 205; Fett: 15,2g; Karbohydrater: 16,8 g;
Protein: 4,1 g

Ingredienser

2 avokadoer, uthulet og delt i to

1/2 sitron, ferskpresset

4 ss løkløk, hakket

1 fedd hvitløk, finhakket

1 middels tomat, hakket

1 paprika, frøsådd og hakket

1 rød chilipepper, frøet og hakket

2 unser kikerter, kokte eller cabbed, drenert

Kosher salt og malt svart pepper, etter smak

Veibeskrivelse

Legg avokadoene dine på et serveringsfat. Drypp sitronsaften over hver avokado.

I en miksebolle, rør forsiktig de resterende ingrediensene til fyllingen til de er godt innlemmet.

Fyll avokadoene med den tilberedte blandingen og server umiddelbart. God appetitt!

Svart bønnesuppe

(Ferdig på ca. 1 time og 50 minutter | Porsjoner 4)

Per porsjon: Kalorier: 505; Fett: 11,6g; Karbohydrater: 80,3g; Protein: 23,2g

Ingredienser

2 kopper svarte bønner, bløtlagt over natten og drenert

1 timiankvist

2 ss kokosolje

2 løk, hakket

1 selleriribbe, hakket

1 gulrot, skrelt og hakket

1 italiensk pepper, frøsådd og hakket

1 chilipepper, frøset og hakket

4 fedd hvitløk, presset eller finhakket

Havsalt og nykvernet sort pepper, etter smak

1/2 ts malt spisskummen

1/4 ts malt laurbærblad

1/4 ts malt allehånde

1/2 ts tørket basilikum

4 kopper grønnsaksbuljong

1/4 kopp frisk koriander, hakket

2 gram tortillachips

Veibeskrivelse

Kok opp bønnene og 6 kopper vann i en suppegryte. Når det koker, skru opp varmen til en koking. Ha i timiankvisten og la den koke i ca 1 time og 30 minutter eller til den er mør.

I mellomtiden, i en tykkbunnet gryte, varm oljen over middels høy varme. Surr nå løk, selleri, gulrot og paprika i ca. 4 minutter til de er møre.

Stek deretter hvitløken i ca 1 minutt eller til dufter.

Tilsett den sauterte blandingen til de kokte bønnene. Tilsett deretter salt, sort pepper, spisskummen, malt laurbærblad, malt allehånde, tørket basilikum og grønnsaksbuljong.

Fortsett å småkoke, rør med jevne mellomrom, i 15 minutter lenger eller til alt er gjennomstekt.

Pynt med fersk koriander og tortillachips. God appetitt!

Beluga linsesalat med urter

(Klar på ca. 20 minutter + nedkjølingstid | Porsjoner 4)

Per porsjon : Kalorier: 364; Fett: 17g; Karbohydrater: 40,2g; Protein: 13,3g

Ingredienser

1 kopp røde linser

3 kopper vann

1 kopp druetomater, halvert

1 grønn paprika, frøet og kuttet i terninger

1 rød paprika, frøet og i terninger

1 rød chilipepper, frøet og i terninger

1 agurk, i skiver

4 ss sjalottløk, hakket

2 ss fersk persille, grovhakket

2 ss fersk koriander, grovhakket

2 ss fersk gressløk, grovhakket

2 ss fersk basilikum, grovhakket

1/4 kopp olivenolje

1/2 ts spisskummen frø

1/2 ts ingefær, finhakket

1/2 ts hvitløk, finhakket

1 ts agavesirup

2 ss fersk sitronsaft

1 ts sitronskall

Havsalt og malt svart pepper, etter smak

2 unser svarte oliven, pitted og halvert

Veibeskrivelse

Tilsett brune linser og vann i en kjele og kok opp på høy varme. Skru deretter varmen til en la det småkoke og fortsett å koke i 20 minutter eller til de er møre.

Legg linsene i en salatskål.

Ha i grønnsakene og urtene og bland godt sammen. I en miksebolle, visp olje, spisskummen, ingefær, hvitløk, agavesirup, sitronsaft, sitronskall, salt og sort pepper.

Kle salaten, pynt med oliven og server ved romtemperatur. God appetitt!

Italiensk bønnesalat

(Klar på ca. 1 time + nedkjølingstid | Porsjoner 4)

Per porsjon: Kalorier: 495; Fett: 21,1g; Karbohydrater: 58,4g; Protein: 22,1g

Ingredienser

3/4 pund cannellini bønner, bløtlagt over natten og drenert

2 kopper blomkålbuketter

1 rødløk, i tynne skiver

1 ts hvitløk, finhakket

1/2 ts ingefær, finhakket

1 jalapenopepper, finhakket

1 kopp druetomater, delt i kvarte

1/3 kopp ekstra virgin olivenolje

1 ss limejuice

1 ts dijonsennep

1/4 kopp hvit eddik

2 fedd hvitløk, presset

1 ts italiensk urteblanding

Kosher salt og malt svart pepper, for å smake til

2 gram grønne oliven, pitted og skiver

Veibeskrivelse

Dekk de bløtlagte bønnene med et friskt skifte av kaldt vann og kok opp. La det koke i ca 10 minutter. Kok opp varmen og fortsett å koke i 60 minutter eller til de er møre.

I mellomtiden koker du blomkålbukettene i ca 6 minutter eller til de er akkurat møre.

La bønner og blomkål avkjøles helt; overfør dem deretter til en salatskål.

Ha i de resterende ingrediensene og bland godt sammen. Smak til og juster krydderet.

God appetitt!

Hvite bønne fylte tomater

(Klar på ca. 10 minutter | Porsjoner 3)

Per porsjon : Kalorier: 245; Fett: 14,9 g; Karbohydrater: 24,4g; Protein: 5,1g

Ingredienser

3 mellomstore tomater, skjær en tynn skive av toppen og fjern fruktkjøttet

1 gulrot, revet

1 rødløk, hakket

1 hvitløksfedd, skrelt

1/2 ts tørket basilikum

1/2 ts tørket oregano

1 ts tørket rosmarin

3 ss olivenolje

3 gram hermetiske hvite bønner, drenert

3 gram søtmaiskjerner, tint

1/2 kopp tortillachips, knust

Veibeskrivelse

Legg tomatene på et serveringsfat.

I en miksebolle rører du de resterende ingrediensene til farsen til alt er godt blandet.

Fyll avokadoene og server umiddelbart. God appetitt!

Vinter Black-Eyed Pea Suppe

(Ferdig på ca. 1 time 5 minutter | Porsjoner 5)

Per porsjon : Kalorier: 147; Fett: 6g; Karbohydrater: 13,5 g; Protein: 7,5 g

Ingredienser

2 ss olivenolje

1 løk, hakket

1 gulrot, hakket

1 pastinakk, hakket

1 kopp fennikelløker, hakket

2 fedd hvitløk, finhakket

2 kopper tørkede svartøyde erter, bløtlagt over natten

5 kopper grønnsaksbuljong

Kosher salt og nykvernet sort pepper, for å krydre

Veibeskrivelse

I en nederlandsk ovn, varm olivenoljen over middels høy varme. Når den er varm, surrer du løk, gulrot, pastinakk og fennikel i 3 minutter eller til de er så vidt møre.

Ha i hvitløken og fortsett å surre i 30 sekunder eller til den er aromatisk.

Tilsett erter, grønnsaksbuljong, salt og sort pepper. Fortsett å koke, delvis dekket, i 1 time til eller til den er gjennomstekt.

God appetitt!

Røde nyrebønner

(Ferdig på ca. 15 minutter | Porsjoner 4)

Per porsjon : Kalorier: 318; Fett: 15,1g; Karbohydrater: 36,5 g; Protein: 10,9 g

Ingredienser

12 gram hermetiserte eller kokte røde kidneybønner, drenert

1/3 kopp gammeldags havre

1/4 kopp universalmel

1 ts bakepulver

1 liten sjalottløk, hakket

2 fedd hvitløk, finhakket

Havsalt og malt svart pepper, etter smak

1 ts paprika

1/2 ts chilipulver

1/2 ts malt laurbærblad

1/2 ts malt spisskummen

1 chia egg

4 ss olivenolje

Veibeskrivelse

Legg bønnene i en miksebolle og mos dem med en gaffel.

Bland grundig sammen bønner, havre, mel, bakepulver, sjalottløk, hvitløk, salt, sort pepper, paprika, chilipulver, malt laurbærblad, spisskummen og chia egg.

Form blandingen til fire bøffer.

Varm deretter olivenoljen i en stekepanne over moderat høy varme. Stek karbonadene i ca 8 minutter, snu dem en eller to ganger.

Server med favorittpålegget ditt. God appetitt!

Hjemmelagde erteburgere

(Ferdig på ca. 15 minutter | Porsjoner 4)

Per porsjon : Kalorier: 467; Fett: 19,1g; Karbohydrater: 58,5 g; Protein: 15,8g

Ingredienser

1 pund grønne erter, frosne og tint

1/2 kopp kikertmel

1/2 kopp vanlig mel

1/2 kopp brødsmuler

1 ts bakepulver

2 lin egg

1 ts paprika

1/2 ts tørket basilikum

1/2 ts tørket oregano

Havsalt og malt svart pepper, etter smak

4 ss olivenolje

4 hamburgerboller

Veibeskrivelse

Bland de grønne ertene, melet, brødsmulene, bakepulveret, lin egg, paprika, basilikum, oregano, salt og sort pepper grundig i en miksebolle.

Form blandingen til fire bøffer.

Varm deretter olivenoljen i en stekepanne over moderat høy varme. Stek karbonadene i ca 8 minutter, snu dem en eller to ganger.

Server på burgerboller og nyt!

Svart bønner og spinatstuing

(Ferdig på omtrent 1 time og 35 minutter | Porsjoner 4)

Per porsjon : Kalorier: 459; Fett: 9,1 g; Karbohydrater: 72g;
Protein: 25,4g

Ingredienser

2 kopper svarte bønner, bløtlagt over natten og drenert

2 ss olivenolje

1 løk, skrelt, halvert

1 jalapenopepper, i skiver

2 paprika, frøsådd og skåret i skiver

1 kopp knappsopp, i skiver

2 fedd hvitløk, hakket

2 kopper grønnsaksbuljong

1 ts paprika

Kosher salt og malt svart pepper, etter smak

1 laurbærblad

2 kopper spinat, revet i biter

Veibeskrivelse

Dekk de bløtlagte bønnene med et friskt skifte av kaldt vann og kok opp. La det koke i ca 10 minutter. Kok opp varmen og fortsett å koke i 50 til 55 minutter eller til de er møre.

I en tykkbunnet kjele, varm opp olivenolje på middels varme. Når den er varm, surr løk og paprika i ca 3 minutter.

Surr hvitløk og sopp i ca. 3 minutter eller til soppen slipper væsken og hvitløken dufter.

Tilsett grønnsaksbuljong, paprika, salt, sort pepper, laurbærblad og kokte bønner. La det småkoke, rør med jevne mellomrom, i ca 25 minutter eller til det er gjennomstekt.

Tilsett deretter spinaten og la den småkoke under lokk i ca 5 minutter. God appetitt!

Rå bringebær ostekake

(Klar på ca. 15 minutter + nedkjølingstid | Porsjoner 9)

Per porsjon : Kalorier: 385; Fett: 22,9; Karbohydrater: 41,1g; Protein: 10,8g

Ingredienser

Skorpe:

2 kopper mandler

1 kopp friske dadler, uthulet

1/4 ts malt kanel

Fylling:

2 kopper rå cashewnøtter, bløtlagt over natten og drenert

14 gram bjørnebær, frosne

1 ss fersk limejuice

1/4 ts krystallisert ingefær

1 boks kokoskrem

8 friske dadler, uthulet

Veibeskrivelse

I foodprosessoren blander du skorpeingrediensene til blandingen kommer sammen; press skorpen i en lett oljet springform.

Bland deretter fylllaget til det er helt glatt. Hell fyllet på skorpen, og lag en flat overflate med en slikkepott.

Overfør kaken til fryseren i ca 3 timer. Oppbevar i fryseren.

Pynt med økologisk sitrusskall. God appetitt!

Mini sitronterter

(Klar på ca. 15 minutter + nedkjølingstid | Porsjoner 9)

Per porsjon : Kalorier: 257; Fett: 16,5; Karbohydrater: 25,4g; Protein: 4g

Ingredienser

1 kopp cashewnøtter

1 kopp dadler, uthulet

1/2 kopp kokosflak

1/2 ts anis, malt

3 sitroner, ferskpresset

1 kopp kokoskrem

2 ss agavesirup

Veibeskrivelse

Pensle en muffinsform med en nonstick matolje.

Blend cashewnøtter, dadler, kokos og anis i foodprosessoren eller en hurtigmikser. Trykk skorpen inn i den peprede muffinsformen.

Bland deretter sitron, kokoskrem og agavesirup. Hell kremen i muffinsformen.

Oppbevar i fryseren. God appetitt!

Fluffy kokosblondiner med rosiner

(Ferdig på ca. 30 minutter | Porsjoner 9)

Per porsjon : Kalorier: 365; Fett: 18,5; Karbohydrater: 49g; Protein: 2,1g

Ingredienser

1 kopp kokosmel

1 kopp universalmel

1/2 ts bakepulver

1/4 ts salt

1 kopp tørket kokosnøtt, usøtet

3/4 kopp vegansk smør, myknet

1 ½ kopp brunt sukker

3 ss eplemos

1/2 ts vaniljeekstrakt

1/2 ts malt anis

1 kopp rosiner, bløtlagt i 15 minutter

Veibeskrivelse

Begynn med å forvarme ovnen til 350 grader F. Pensle en stekepanne med en matolje som ikke stikker.

Bland grundig sammen mel, bakepulver, salt og kokos. I en annen bolle blander du smør, sukker, eplemos, vanilje og anis. Rør smørblandingen inn i de tørre ingrediensene; rør for å blande godt.

Brett inn rosinene. Trykk røren i den tilberedte bakeformen.

Stek i ca 25 minutter eller til den er stivnet i midten. Legg kaken på rist for å avkjøles litt.

God appetitt!

Enkel sjokoladeruter

(Ferdig på ca. 1 time og 10 minutter | Porsjoner 20)

Per porsjon : Kalorier: 187; Fett: 13,8g; Karbohydrater: 15,1 g; Protein: 2,9 g

Ingredienser

1 kopp cashew smør

1 kopp mandelsmør

1/4 kopp kokosolje, smeltet

1/4 kopp rå kakaopulver

2 gram mørk sjokolade

4 ss agavesirup

1 ts vaniljepasta

1/4 ts malt kanel

1/4 ts malt nellik

Veibeskrivelse

Bearbeid alle ingrediensene i blenderen til den er jevn og jevn.

Skrap røren inn i en bakepapirkledd stekeplate. Sett den i fryseren i minst 1 time for å stivne.

Skjær i firkanter og server. God appetitt!

Sjokolade- og rosinkakebarer

(Klar på ca. 40 minutter | Porsjoner 10)

Per porsjon : Kalorier: 267; Fett: 2,9 g; Karbohydrater: 61,1g; Protein: 2,2g

Ingredienser

1/2 kopp peanøttsmør, ved romtemperatur

1 kopp agavesirup

1 ts ren vaniljeekstrakt

1/4 ts kosher salt

2 kopper mandelmel

1 ts natron

1 kopp rosiner

1 kopp vegansk sjokolade, delt i biter

Veibeskrivelse

I en miksebolle blander du peanøttsmør, agavesirup, vanilje og salt grundig.

Rør gradvis inn mandelmel og natron og rør for å kombinere. Ha i rosinene og sjokoladebitene og rør igjen.

Frys i ca 30 minutter og server godt avkjølt. Nyt!

Mandel granola barer

(Klar på ca. 25 minutter | Porsjoner 12)

Per porsjon : Kalorier: 147; Fett: 5,9 g; Karbohydrater: 21,7 g;
Protein: 5,2g

Ingredienser

1/2 kopp speltmel

1/2 kopp havremel

1 kopp havregryn

1 ts bakepulver

1/2 ts kanel

1/2 ts malt kardemomme

1/4 ts nyrevet muskatnøtt

1/8 ts kosher salt

1 kopp mandelmelk

3 ss agavesirup

1/2 kopp peanøttsmør

1/2 kopp eplemos

1/2 ts rent mandelekstrakt

1/2 ts ren vaniljeekstrakt

1/2 kopp mandler, skåret i skiver

Veibeskrivelse

Begynn med å forvarme ovnen til 350 grader F.

I en miksebolle blander du mel, havre, bakepulver og krydder grundig. Bland de våte ingrediensene i en annen bolle.

Rør deretter den våte blandingen inn i de tørre ingrediensene; bland for å blande godt. Vend inn de skivede mandlene.

Skrap røreblandingen i en bakepapirkledd ildfast form. Stek i forvarmet ovn i ca 20 minutter. La den avkjøles på rist. Kutt i barer og nyt!

CPSIA information can be obtained
at www.ICGtesting.com
Printed in the USA
BVHW032257010822
643527BV00013B/310